AF603403

X

BIBLIOTHÈQUE DE CRIMINOLOGIE

L'ASSASSINAT
DU
PRÉSIDENT CARNOT

**Les principales circonstances du fait. Le mouvement anarchiste.
La victime. L'assassin. Etat mental de Caserio. Récit de l'assassin.
A. Poncet : Blessure. Opération. Mort de M. Carnot.
H. Coutagne : Premières constatations médicales.
Drs Gailleton, Lacassagne, Coutagne, Ollier, Poncet, Lépine,
Rebatel, Gangolphe, Faure : Rapport médico-légal d'autopsie.
A. Bournet : La Cour d'assises. Impressions d'audience.
Les derniers moments de Caserio. — Notes d'un témoin.**

PAR

A. LACASSAGNE
Professeur de Médecine légale à la Faculté de Médecine de Lyon

Dessins, portraits et planche en couleurs

LYON
A. STORCK, ÉDITEUR
78, rue de l'Hôtel-de-Ville

PARIS
G. MASSON, ÉDITEUR
120, boulevard St-Germain

1894

L'ASSASSINAT DU PRÉSIDENT CARNOT

Les principales circonstances du fait. — Le mouvement anarchiste. — La victime. — L'assassin. — Conditions dans lesquelles la mort est survenue. — L'état mental de Caserio. — Récit de l'assassin. — Blessure, opération, mort de M. Carnot (le professeur Poncet). — Premières constatations médicales (H. Coutagne). — Rapport médico-légal d'autopsie (les docteurs Gailleton, Lacassagne, Coutagne, Ollier, Poncet, Lépine, Rebatel, Gangolphe, Fabre). — La cour d'assises et les impressions d'audience (A. Bournet). — Les derniers moments de Caserio. — Notes d'un témoin.

Au commencement d'octobre 1882, une bombe chargée de dynamite et remplie de morceaux de fer et de plomb faisait explosion dans les sous-sols du théâtre Bellecour, dans un café appelé dans la langue des viveurs l'*Assommoir*, sorte de cabaret louche où se donnaient rendez-vous des individus d'un monde interlope, des filles, des souteneurs, et quelques rares naïfs, noctambules ou noceurs, en quête d'observer les « dessous de la vie lyonnaise. » J'eus à examiner neuf blessés.

Trois ouvriers attardés se trouvaient là, deux furent blessés légèrement, un troisième, Miodre, âgé de vingt ans, succomba et je pratiquai son autopsie.

Je me rappelle encore l'épouvante qui suivit cet attentat. Les anarchistes devaient faire sauter les édifices publics, les maisons particulières. Le lendemain, une explosion avait lieu la nuit, sur le quai de la Vitriolerie, devant le bureau de recrutement. Ce fut alors de l'effroi et de l'affolement. Les édifices furent surveillés, les portes des maisons fermées de bonne heure, les soupiraux des caves bouchés. On déserta les lieux de réunion, les théâtres, les cafés, les églises même.

Un jeune homme de 20 ans, Cyvoct, fut arrêté comme auteur de ces attentats. Il passa devant la cour d'assises du Rhône et fut condamné à mort.

Voilà la première manifestation du mouvement anarchiste à Lyon.

A peu près onze ans plus tard, dans la soirée du 24 juin 1894, Lyon était en fête. Le président de la République était arrivé la veille au milieu des acclamations enthousiastes. La ville était pavoisée et illuminée. Une foule immense inondait les rues et attendait M. Carnot qui dînait au Palais du Commerce et devait se rendre à neuf heures au Grand-Théâtre assister à une représentation de gala. Le cortège présidentiel s'était à peine formé et avançait lentement, lorsqu'un jeune homme s'approcha de la voiture et frappa d'un coup de poignard M. Carnot. La blessure entraînait la mort quelques heures plus tard.

Quand la nouvelle de ce forfait fut connue au théâtre, dans les rues, un frisson d'indignation, de passion généreuse secoua la cité. La France fut atterrée et prit le deuil. Un grand mouvement de pitié parcourut les nations comme un immense frémissement.

J'ai pratiqué, le lendemain, avec de nombreux collègues, l'autopsie de M. Carnot et je n'oublierai jamais le sentiment de profonde tristesse, le serrement de cœur que j'ai éprouvé en entrant dans la chambre mortuaire, à la vue de la victime de nos discordes sociales, de ce président de République, mort en plein triomphe dans une fête, au milieu des vivats et des enthousiasmes sympathiques que peu de souverains ont connus.

Dans cet événement tragique la médecine légale a eu encore à se prononcer.

Nous voulons aujourd'hui présenter un ensemble complet de ce drame, l'étudier en médecin légiste et en criminologiste. Nous dirons ce que nous pensons des causes de l'attentat, l'ensemble des constatations faites sur la victime, l'appréciation que l'on peut porter sur l'assassin. Nous ferons suivre ces considérations des documents qui en sont la base et qui resteront comme des matériaux ou des preuves que l'Histoire aura souvent à consulter, pour les discuter, les apprécier, juger enfin définitivement.

LES CAUSES DE L'ATTENTAT

Nous avons donné du crime cette définition : *tout acte nuisible à l'existence d'une collectivité humaine.* C'est une formule qui nous paraît exacte parce qu'elle est très générale et qu'elle s'applique à tous les actes considérés comme crimes à un moment quelconque de l'histoire.

S'il en est ainsi, les manifestations anarchistes sont essentiellement des crimes. A une époque assez rapprochée de nous, on a distingué les crimes contre le roi, contre la sûreté de l'Etat, contre les personnes, contre les propriétés. On ne parle plus aujourd'hui du souverain, et l'assassinat du président de la République a été l'objet d'une instruction judiciaire absolument semblable à celle qui est suivie lors de la mort violente d'un citoyen quelconque.

Les lois contre la sûreté de l'Etat visaient souvent les complots ou les menées qui avaient pour but de changer la forme du gouvernement, d'attenter aux prérogatives du roi. Car l'*Etat c'était Lui*. Mais aujourd'hui les anarchistes, que je sache, ne demandent pas un roi ou un empereur: Philippe, Victor ou Ernest. Ils préfèrent la République parce que la liberté y est plus grande, l'agitation plus facile (au moins jusqu'à ce jour), et qu'avec la collaboration des mécontents et des partis opposés, on a des éléments tout trouvés de discorde.

Les anarchistes veulent surtout changer le fonctionnement de la vie commune, les relations du capital et du travail. Plus de servitude, d'obligations. L'homme a des besoins, il doit pouvoir les satisfaire. A chacun selon ses désirs. Et notez que ce sont de jeunes hommes, presque des enfants, qui proclament ces aphorismes.

Mais d'où viennent donc ces tendances, ces idées? Ce n'est pas, comme l'on répète souvent, l'état d'âme de quelques individualités, plus ou moins surexcitées ou déséquilibrées.

Non, c'est l'indice d'un malaise social, le résultat d'une série de causes qu'on entrevoit mais qui sont difficiles à démêler et dont il est impossible de préciser l'influence. C'est comme l'agitation démoniaque, la possession, la sorcellerie, qui ont occupé tout le moyen âge. On était alors inquiet du sort de l'âme pendant cette vie, après la mort surtout, mais on acceptait les inégalités sociales. Aujourd'hui, c'est le corps, « la guenille », qu'il faut satisfaire : on a des besoins, on veut jouir. Par les relations de la vie moderne, les appétits ont augmenté et c'est à l'heure actuelle une faim insatiable. La personnalité se montre avec ses instincts égoïstes : le bien-être pour soi, le mieux-être aux dépens des autres, la vanité, l'orgueil et dans la lutte pour réussir la mise en œuvre des moyens fournis par les instincts constructeurs et destructeurs.

Que peuvent faire dans ce débordement les instincts sociaux dont le cerveau humain a eu à peine le temps de faire l'acquisition définitive : la tendresse et la sympathie?

Tout cela paraîtra plus évident quand nous aurons précisé la théorie anarchiste.

Les anarchistes prétendent avoir une idée, posséder une philosophie, obéir à des règles scientifiques.

Il y a la loi, mais aussi les prophètes. Citons les plus importants, ceux auxquels on emprunte toujours quelques phrases caractéristiques. Rabelais décrit l'abbaye de Thélème : là il n'y a plus de gouvernement, l'individu est son maître. Sur la porte est écrit : *Fais ce que veulx* ce qui veut dire *Fais ce que dois*, car il est bien évident que l'homme étant devenu essentiellement bon, il ne peut *vouloir* que ce que le *devoir* exige.

Jean-Jacques Rousseau s'exprime ainsi : « Le premier qui ayant un enclos, un terrain, s'avisa de dire : Ceci est à moi, fut le vrai fondateur de la société civile ! Que de crimes, de misère et d'horreur eût épargné au génie humain celui qui, arrachant les pieux et comblant les fossés, eût crié à ses semblables : Gardez-vous d'écouter cet imposteur, vous êtes perdus si vous oubliez que les fruits sont à tous et que la terre n'est à personne. »

Et l'avocat de Jean Grave, Me de Saint-Auban, résume l'idée de son client dans ces deux propositions :

1° Si l'homme est mauvais, la faute en est imputable à l'outillage social. Détruisons cet outillage : l'homme deviendra bon.

2° Pour prévenir le retour de l'outillage social, il faut arriver à l'élimination complète du principe d'autorité.

L'élimination complète du principe d'autorité et des institutions, des pouvoirs qui le manifestent : voilà le *moyen* et la *fin* de l'*anarchie scientifique* dont le but est la réalisation du bonheur commun par la suppression de la concurrence et l'harmonie des intérêts.

L'anarchie est donc la lutte des droits de l'individu, de l'individu en révolte contre la société, en rébellion contre l'espèce.

Nous ne croyons plus aux droits de l'homme tels qu'ils ont été proclamés. Nous savons, d'une façon positive, qu'il ne faut pas considérer les hommes comme des êtres isolés, des individus particuliers, mais bien comme les parties d'une collectivité, dépendant d'un groupe social, la famille, la commune, la patrie. Les hommes ont des obligations inéluctables les uns envers les autres. « Nul ne possède plus d'autre droit que celui de faire toujours son devoir, » dit Auguste Comte.

Ce sont d'abord les principes révolutionnaires qui ont affolé les jeunes têtes. Sous les anciens régimes ou dans un état monarchique, les classes existent et chacun marche sa vie dans un sentier presque tracé d'avance.

Avec les idées d'égalité partout répandues et fièrement acceptées, les esprits faibles et superficiels ne voient que l'égalité dans les apparences, même habit, alimentation semblable. C'est l'uniformité qui est rêvée. Un anarchiste a dit récemment : « Caserio a bien fait de frapper le président dans sa voiture. Pourquoi Carnot n'allait-il pas à pied comme moi ? »

Auguste Comte, en 1839, a prévu ce mouvement de révolte produit par la cause dont nous parlons. Tarde a déjà fait cette remarque et il n'est pas mauvais de remettre sous les yeux la phrase de l'auteur de la *Philosophie positive* : « La doctrine révolutionnaire, plus qu'une autre, en déterminant d'actives convictions, profondes quoique partielles, peut développer dans les âmes élevées des sentiments généreux » mais « il n'est pas, malheureusement, moins certain que, chez le vulgaire, elle tend à exercer, de diverses manières, une influence anti-sociale très prononcée. Ainsi la politique révolutionnaire tire, sans doute, sa principale force morale de l'essor très légitime, quoique souvent exagéré, qu'elle a la propriété d'imprimer à l'activité individuelle ; néanmoins, même indépendamment *d'un indisciplinable orgueil* ainsi soulevé, on ne peut se dissimuler que sa redoutable énergie ne repose aussi, en partie, sur sa tendance spéciale au développement spontané et continu de ces *sentiments de haine et même d'envie* contre toute supériorité sociale, dont l'irruption, libre ou contenue, constitue une *sorte d'état de rage chronique* très connu de nos jours, même en d'excellents naturels. »

Le tableau est complet et nous notons : un indisciplinable orgueil, des sentiments de haine et d'envie, un état de rage chronique.

Chez les jeunes gens, la haine s'affirme par l'horreur de toute autorité et particulièrement du militarisme qui en est comme l'incarnation, car il faut le reconnaître, il y a véritablement opposition entre certains côtés de douceur, d'aménité, de bienveillance produits par notre civilisation actuelle et l'état latent de guerre avec ses préparatifs formidables et permanents.

L'orgueil, ou l'instinct de domination, a fait des progrès, s'est hypertrophié. A force d'entendre parler d'égalité, on ne veut plus de chef ; on cherche à commander et on ne se sent plus fait pour obéir.

Ainsi surexcité, l'orgueil agit à son tour sur l'instinct destructeur. De là, la violence de langage et la mise en pratique des procédés anarchistes.

Et ce sont ces mêmes anarchistes qui nous répètent que l'homme est naturellement bon. Comme ils sont ignorants ! que les chefs de religion connaissaient bien mieux la nature humaine, quand ils parlaient toujours de la méchanceté des hommes, et prêchaient comme remède : l'amour et la pitié.

Les anarchistes, ces hommes de progrès rapide, qui sont pour les solutions instantanées, affichent des principes rétrogrades. Tarde l'a bien fait voir : l'anarchie n'est guère que la vendetta antique ressuscitée. Mais, remarquons-le : on n'est pas impunément de son siècle. Il n'est pas facile — il est impossible même — de se débarrasser des habitudes, des préjugés de son époque. Les anarchistes, en insurrection contre les lois établies, veulent se justifier même aux yeux de ceux qu'ils combattent et la plupart, criminels d'habitude ou criminels pour assouvir convoitises et besoins, se réclament de l'honnêteté du but poursuivi, de l'idéal à atteindre, de l'humanité à améliorer et dont ils veulent le bonheur. Le « *c'est la faute à la société* » est devenu la formule commode qui excuse tout. On va juger dans la Loire, un jeune homme de 16 ans à peine, un des plus fougueux anarchistes de Roanne, le chef du groupe antipatriotique, qui a assassiné, à Villerest, sa vieille tante de 72 ans pour la voler. On peut, ou on pourra bientôt, répéter la fameuse boutade : si tous les anarchistes ne sont pas des voleurs, tous les voleurs sont des anarchistes.

Mais il peut se faire que parmi les « compagnons » il y ait des individus de bonne foi et même, comme le dit Auguste Comte, « d'excellents naturels ». Tarde a écrit avec une apparence de raison : la suggestion du crime par la presse est à la suggestion ancienne par la parole précisément ce que la dynamite est au poignard. Depuis les événements ont fait voir que les anarchistes emploient l'une et l'autre.

Il n'empêche que la diffusion d'une instruction superficielle est essentiellement perturbatrice. Il faut savoir pour prévoir, a-t-on dit. Mais la demi-science est plus dangereuse que l'ignorance : elle crée le trouble mental. Il y a d'un côté le champ des sciences qui paraît pour ainsi dire indéfini, surtout celui des sciences naturelles, et, d'un autre côté, l'état de stagnation de la morale humaine.

Le décalogue reste éternellement immuable tandis que les lois de la biologie sont infinies, variées et constamment renouvelées par de nouvelles découvertes. La nature a mille facettes. Le cerveau humain est un et son perfectionnement est si lent qu'il est presque immuable comme les espèces animales. Il y a dans le cerveau certains instincts essentiels, inéluctables, primordiaux, que rien n'a encore modifiés et qui ne changeront pas plus que les membres et le corps de l'homme.

Les savants de l'anarchie ne sont pas de cet avis. Tel Vaillant faisant de la localisation cérébrale disait dans sa défense : « Je ne puis m'empêcher de sourire de vous voir atomes perdus dans la nature, raisonnant parce que vous possédez un prolongement de la moelle épinière, vouloir vous reconnaître le droit de juger un de vos semblables. »

Mais Vaillant lui-même, en jugeant ses juges et en condamnant la société, ne se servait-il pas du même procédé, « le prolongement de la moelle épinière ! » Il semble vraiment que l'homme se console de son impuissance en énonçant ou en formulant des théories, des lois qu'il est impossible de faire passer dans la pratique. L'énumération des désirs remplace une réalisation qui se fait indéfiniment attendre.

Nous venons d'étudier les principaux facteurs de ce crime politique l'esprit révolutionnaire, l'égoïsme humain surexcité, le rôle de l'instruction. Quelques mots encore sur l'importance des affiliations, des sociétés secrètes, du compagnonnage.

Qui dit association exprime la solidarité des intérêts, la réunion des désirs, des haines et des appétits, mais aussi un cumul de dangers pour la société et par conséquent solidarité des associés au point de vue de la répression.

Et ne croyez-vous pas qu'après les débats retentissants des Parlements ou des assemblées délibérantes, des réunions publiques ou des clubs, quelques compagnons, réunis en parlote, stimulés et grandis dans leur propre estime par la surveillance de la police, consacrés personnages d'importance par une ou plusieurs arrestations, n'aient pas tout à coup envie de se poser en profonds politiques, de se donner des airs de matamore ou de redresseur des iniquités sociales. Puis, après s'être grisé de paroles, le centre de l'impulsivité surexcité, le décidé passe à l'acte qui est pour ainsi dire l'accomplissement d'une promesse donnée et paraît seul capable d'amener la détente, de rétablir le calme, de produire l'apaisement.

S'imaginer qu'un mitron de vingt ans, étranger à notre pays, peut tout à coup faire trembler la France sur ses bases et attenter à la vitalité d'un grand peuple! Cette perspective entrevue n'est-elle pas capable de troubler une tête avide de renommée et de bruit?

Nous avons parlé de la solidarité des associés au point de vue de la répression. La société a le devoir et le droit de se défendre. Richelieu a proclamé ses *Maximes d'Etat* qu'il est bon de rappeler parce qu'elles sont toujours vraies : « Ne pas châtier une faute de conséquence dont l'impunité ouvre la porte à la licence est une omission criminelle...... Une fausse clémence est plus dangereuse que la cruauté même...... L'impunité trop ordinaire jusque-là en France était la seule cause que l'ordre et la règle n'y avaient jamais eu lieu et que la continuation des désordres contraignait de recourir aux derniers remèdes pour en arrêter le cours...... En matière de crime d'Etat, il faut fermer la porte à la pitié et mépriser les plaintes des personnes intéressées, et les discours d'une population ignorante, qui blâme quelquefois ce qui lui est le plus utile et souvent tout à fait nécessaire. »

LA VICTIME

On lira plus loin les documents qui relatent la blessure, l'opération, la mort de M. Carnot, les résultats de l'autopsie. Nous nous proposons d'indiquer ici quelques points essentiels restés dans l'ombre ou les développements nécessaires pour l'étude complète du fait.

Nous avons peu à dire de l'opération pratiquée sur le chef de l'Etat, dans les circonstances émouvantes que l'on sait.

Il fallait certainement un coup d'œil prompt, la confiance que donne la longue pratique unie à une science étendue, mais par-dessus tout un tempérament chirurgical. M. le professeur Poncet possède ces qualités et il l'a montré.

Dans la matinée du 25 juin, l'effarement était tel — affolement inévitable et bien compréhensible, on l'avouera — qu'on avait même renoncé à l'autopsie, devant les refus d'une épouse désolée. Et cependant la qualité du blessé, chef d'Etat, sa mort tragique, imposaient cette opération.

Le maire de Lyon, notre savant collègue M. Gailleton, avec sa profonde connaissance des hommes et sa lucidité toujours si nette au milieu de la confusion des événements, insista auprès des pouvoirs publics, montrant qu'il fallait que les responsabilités fussent nettement établies.

De son côté, M. Ollier, dont l'autorité scientifique est si haute, usa de toute son influence auprès de Mme Carnot. La veuve éplorée céda à des instances si pressantes et accorda l'autorisation, à la condition que cette autopsie serait partielle, limitée à la région blessée, et qu'en outre l'opération serait dirigée par notre éminent collègue.

Il est juste aussi de reconnaître, et nous nous faisons un devoir de le dire ici, que M. Ollier démontra à l'autorité judiciaire que l'opération ne pouvait se faire utilement qu'avec le concours de confrères habitués par leur enseignement spécial et leur pratique ordinaire à la constatation cadavérique des blessures.

La médecine légale est reconnaissante à MM. Gailleton et Ollier de leur décisive intervention.

L'autopsie a été partielle (1), mais elle a été suffisante pour expliquer les causes de la mort et faire voir que celle-ci résultait nécessairement du coup de poignard, que la blessure était fatalement mortelle.

Nous voulons préciser les conditions dans lesquelles le coup de poignard a été porté, insister sur les organes atteints en relevant certaines particularités, donner quelques détails sur l'arme qui a servi à commettre le crime.

La position réciproque de la victime et de l'assassin a été nettement indiquée par les déclarations des témoins et par les propres aveux de Caserio.

Il était, en effet, utile de savoir si la double plaie constatée sur la veine porte tenait à un double coup porté par l'assassin, soit qu'il eût, sans sortir complètement l'arme de la blessure, enfoncé ou retourné le poignard, le « tour de clef », comme nous disons ordinairement. M. Ollier serait disposé à admettre cette explication, que nous rejetons pour notre part, ainsi qu'on le verra plus loin. Caserio a porté un seul coup, qui a enfoncé progressivement l'instrument jusqu'à la garde

Mais voyons d'abord le récit de l'assassin, qui nous paraît rigoureusement exact.

Nous avons, au cours de l'instruction, demandé à M. Benoist de faire préciser à Caserio la position exacte dans laquelle il se trouvait lorsqu'il a frappé M. Carnot, en spécifiant d'une façon particulière comment il tenait l'arme.

Nous avons reçu la note suivante. Elle est intéressante à plus d'un titre, par la minutie des détails :

(1) Lorsque, après l'autopsie, le corps fut replacé sur le lit de parade, avant la mise en bière, quelques injections sous-cutanées d'alcool méthylique ont été faites à la partie supérieure du corps par M. le professeur Raphaël Dubois, pour enrayer et même arrêter la marche de la putréfaction. C'est le procédé que nous avons préconisé, avec notre collègue de la Faculté des sciences, dans la thèse de Parcelly (*Etude historique et critique des embaumements, avec description d'une nouvelle méthode*. Storck, Lyon, 1891).

« Voici comment Caserio déclare avoir frappé (1) :

« Le bras à moitié tendu, l'arme légèrement inclinée de haut en bas, le manche du poignard fortement serré dans le creux de la main, l'extrémité du manche jouant librement entre la base du pouce et celle de l'index (en arrière), le pouce se dressant

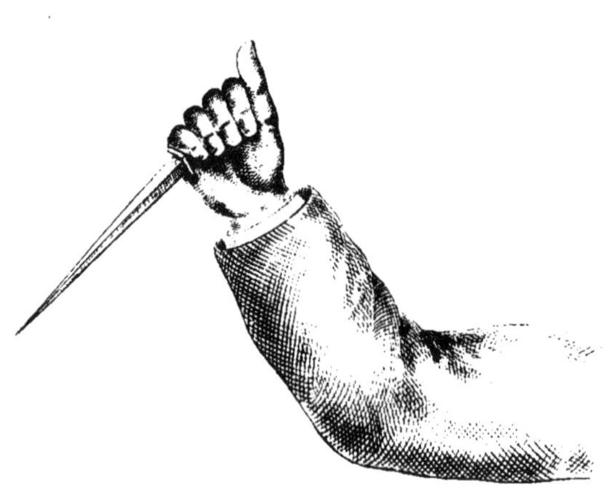

verticalement, les quatre doigts repliés par-dessus le manche et venant s'appliquer par leurs extrémités contre la paume, du côté du corps, la garde métallique énergiquement pressée contre le petit doigt en haut, le poignet en bas, l'arme ayant ses deux tranchants dans un plan *presque vertical, cependant légèrement inclinée suivant une direction s'écartant du corps de bas en haut.*

(1) Il y a donc lieu de rectifier le *récit communiqué*, qui lui faisait dire les *doigts en dessous.* Il nous avait dit cela, mais il n'avait pas compris ces mots comme nous.

(1) Ce croquis grossier a été fait à la prison, sous les yeux même de Caserio.

« Caserio ajoute :

« Je n'ai porté qu'un coup ; mais il est possible que le président, en reculant au moment où l'arme l'a atteint, ait changé lui-même la direction du mouvement et la position de l'arme. Je ne me suis pas repris en frappant, il n'y a eu de ma part qu'un seul coup et un seul mouvement.

« J'ai bien senti légèrement le mouvement de la voiture qui avançait sous ma main gauche, mais je n'ai pas senti la résistance de ce mouvement contre mon coup de poignard. Au lieu de sentir quelque chose venant contre mon poignard, j'ai plutôt senti le contraire.

« La voiture n'a nullement 1m58 ou même une hauteur approchante là où je l'ai abordée. Il n'y a presque pas de porte, le bord de la voiture se relève fortement en avant et en arrière. A l'endroit où j'ai abordé, le rebord de la voiture n'était guère à plus d'un mètre au-dessus du sol. J'ai pu m'incliner très fortement sur le président, en le frappant, sans que mes pieds perdissent leur assiette. Debout, ma tête était à hauteur de celle du président (1).

« C'est au cœur que je voulais frapper, j'ai frappé un peu plus à droite.

« En frappant, j'ai pu remarquer que le président n'avait rien dans sa main droite, placée naturellement sur sa cuisse droite. Je n'ai pas remarqué s'il avait son chapeau sur la tête ; mais il m'a fixé en ouvrant les yeux très fort, au moment même où je le frappais en criant : « Vive la révolution ! »

(1) On lira dans le rapport d'autopsie : « L'épigastre du président était à environ 1m40 du sol ; la tête du meurtrier était à la hauteur de celle de la victime. »

Ce dernier regard du président, Caserio ne l'a plus oublié. Comme un remords, il l'a suivi dans sa prison :

L'œil était dans la tombe et regardait Caïn.

Il est certain qu'il y a eu là un concours de coïncidences entre la taille de l'assassin, la hauteur du siège sur lequel était assis M. Carnot. Cet ensemble a étrangement favorisé le lieu d'élection de la blessure.

Essayons maintenant d'expliquer les particularités de celle-ci. M. Gailleton dit dans sa déposition : le meurtrier était arrivé obliquement, venant au devant de la voiture; c'est ce qui explique que la violence du coup a été accrue par le mouvement même de la voiture.

D'après M. Ollier, il y a deux façons d'interpréter les deux blessures : ou le coup a été porté en deux temps, ou la seconde blessure est le fait du mouvement de recul de M. Carnot, volonlontaire ou non, ou même est due à la progression de la voiture.

D'après nous, la marche en avant de la voiture a incontestablement favorisé l'entrée du poignard jusqu'à la garde, et il peut se faire qu'un mouvement de recul du président, ait produit la seconde blessure de la veine porte.

Mais les mouvements du bras de l'assassin ou du corps de la victime ne sont pas les seuls dont il y ait à tenir compte. Il ne faut pas oublier que le foie est un organe mobile, qu'il suit les déplacements du diaphragme et que dans ses changements de position, il est venu se déchirer sur l'instrument tranchant abandonné par l'assassin dans la plaie. Nous avons déjà attiré l'attention des médecins légistes sur un caractère particulier des blessures du cœur lorsque l'arme passant à frottement dur à travers le sternum ou un espace intercostal est pour ainsi dire immobilisée : le cœur alors se blesse lui-même sur le tranchant de l'arme (1). Ce sont des blessures ayant la forme d'un V ou d'un L.

Or, nous retrouvons les mêmes caractères, la même forme sur la blessure du cartilage costal, à la plaie d'entrée et à la plaie de sortie du foie.

Sur le cartilage costal, la section a la disposition d'une ligne brisée à deux directions formant entre elles un angle de 160° ouvert en dehors — à la plaie d'entrée du foie, du côté de sa partie antérieure, il y a une encoche de quatre millimètres — à la plaie de sortie, le petit côté du triangle est postérieur et sa longueur est de huit millimètres.

Telle est d'après nous la véritable interprétation des encoches des deux plaies. Il est intéressant de constater que le foie, comme le cœur, blessés dans des conditions semblables, présentent sur les bords des plaies des encoches que l'on peut expliquer par le même mécanisme.

Une autre circonstance rendait la blessure de M. Carnot particulièrement grave. Le président sortait de table. Activée par le travail de la digestion, la circulation du foie était augmentée, la veine porte était turgescente. La tension dans les vaisseaux sanguins se trouvait au maximum.

Il n'est peut-être pas inutile de mettre ici, sous les yeux des lecteurs des *Archives*, les dispositions anatomiques de la veine porte.

Galien avait, par une comparaison heureuse, indiqué la disposition anatomique de la veine porte et son fonctionnement. C'est, dit-il, un arbre dont les racines convergent en un tronc commun, mais qui, à son tour, se ramifie en branches dans le foie.

Le Dr Mariau, dans sa thèse (*Recherches anatomiques sur la*

(1) Consulter Charrin : *Des Blessures du cœur au point de vue médico-judiciaire.* (thèse, Lyon, Storck, 1888).

LE POIGNARD DE CASERIO

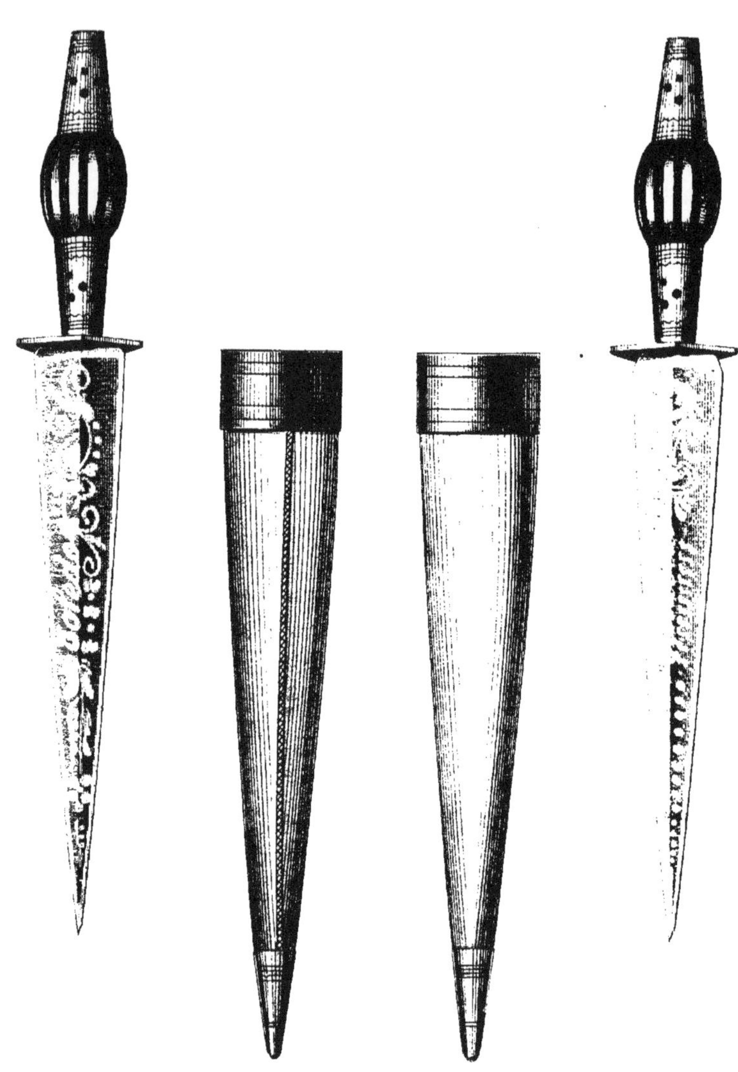

Echelle 1/2

veine porte, etc., Lyon 1893) montre que l'arbre porte a trois racines maîtresses, la splénique, la petite mésaraïque, la grande mésaraïque et il ajoute : « Cet arbre porte ainsi constitué, long de 8 à 10 centimètres, se dirige en haut et à droite vers le sillon transverse du foie, dont le canal cholédoque, l'artère hépatique, et des troncs lymphatiques forment avec lui le pédicule. Il reçoit la gastro-épiploïque droite grossie de rameaux pancréatiques, souvent, mais pas toujours, la veine pylorique, puis se bifurque en deux branches droite et gauche, en formant un angle tellement obtus que l'ensemble a la forme d'un T et a reçu le nom de sinus de la veine porte. La branche droite est volumineuse et courte ; elle reçoit la veine cystique et disparaît dans le lobe droit du foie. La branche gauche, moins longue et plus courte, est destinée au lobe gauche. »

Notre collègue Lépine, dans le *Lyon médical* du 1er juillet 1894 a posé cette question : la blessure de la veine porte est-elle nécessairement mortelle ? Il répond par l'affirmative, lorsque la plaie veineuse n'est pas une simple piqûre étroite. « Chez l'homme, en peu de secondes, surtout si le sujet se trouve en état de digestion, l'hémorragie même par une plaie peu large sera extrêmement abondante ». M. Lépine montre ensuite que la ligature de l'une ou de l'autre des deux branches est une opération impraticable. « On en comprend parfaitement l'impossibilité absolue dans les cas où la plaie veineuse, comme cela existait dans un cas désormais historique, se trouve non sur la demi-circonférence libre de ces veines, mais sur celle qui est creusée dans le foie. » Rappelons enfin, pour terminer, que Stahl disait de ce vaisseau en 1726 : *vena porta, porta malorum*.

L'arme de Caserio, avec son clinquant rouge brillant et la forme du manche, les damasquinures et les inscriptions de la lame, la couleur bleuâtre de la gaîne, a l'aspect d'un poignard de théâtre.

2

Il est bien en main et, tenu comme l'indique l'assassin, il a pu, poussé par une force vigoureuse, pénétrer jusqu'à la garde dans l'abdomen de la victime, ne trouvant comme obstacles peu résistants que quelques vêtements de mince épaisseur et un cartilage costal assez mou.

Voici les mensurations que nous avons relevées.

Le poignard, avec sa gaîne, a 28 centimètres de long. La longueur du manche est de 8 centimètres 1/2, celle de la lame de 16 1/2, la largeur maxima de la lame de 25 millimètres; la coupe de celle-ci est de forme losangique.

Le manche est composé de deux bobines en forme de cône tronqué, se faisant face par les bases et au milieu desquelles se trouve une olive. Les deux bobines sont formées d'une armature de cuivre d'une faible épaisseur posée sur une feuille de clinquant (paillon) rouge violacé. Cette armature de cuivre est percée de trous ronds qu'on voit sur la gravure (qui représente l'arme demi-grandeur nature). Dans chaque trou on aperçoit la feuille de clinquant du dessous.

Entre les deux bobines tronconiques se trouve une olive dont le dessus est constitué par de petites lames d'os et de cuivre, alternant entre elles; les lamettes d'os sont unies, celles de cuivre sont dentelées. Par ces dentelures, entre les bords des petites lames de cuivre ou d'os, on aperçoit le même clinquant que par les trous des bobines tronconiques.

Le morceau de métal en croix qui forme la garde est du fer ou de l'acier brut.

La lame est grossièrement damasquinée à l'acide, sans dorure. Sur une des faces est écrit *Toledo*, sur l'autre *Recuerdo*, dans le sens de la longueur.

La gaîne est en velours bleu; la couture est garnie d'un passepoil rouge en long, sur un seul des côtés; à chaque extrémité de la gaine est une monture en cuivre; celle du haut a 18 millimètres de long, celle du bas, 35 millimètres.

Lorsque cette arme nous fut confiée, au début de l'instruction, alors qu'il était question de complot, j'eus l'idée de rechercher si le poignard n'avait pas été empoisonné. Avec l'aide de M. le Dr Maurice Doyon, préparateur du laboratoire de physiologie, nous avons fait une série d'épreuves qu'il est inutile de rapporter, mais qui toutes, bien entendu, ont donné un résultat négatif.

Voilà les renseignements divers, et non sans intérêt, il me semble, que nous avions à donner sur la mort de cette noble victime. M. Carnot n'a pas été un homme ordinaire. Nous n'avons pas à juger le côté politique de cette existence. Mais, médecin, nous pouvons dire : qu'il a supporté la souffrance avec résignation, pas une récrimination n'est venue sur ses lèvres, il a senti venir la mort avec un courage stoïque.

Créon, dans *Antigone*, dit : Il est difficile de connaître l'âme les sentiments et la pensée d'un homme, avant de l'avoir vu longtemps disposer de la puissance et des lois.

M. Carnot a été soumis à cette épreuve du pouvoir : elle l'a grandi et immortalisé.

L'ASSASSIN

Il nous reste maintenant à parler de Caserio. Il faut l'étudier au point de vue physique et moral, montrer l'influence de la race, de l'âge, de l'instruction, de ses relations anarchistes. Nous pourrons alors nous prononcer sur son état mental et dire, en toute franchise, quelle était sa responsabilité.

Caserio est né le 8 septembre 1873 (1) à Motta-Visconti (Italie).

(1) Le registre d'écrou a indiqué par erreur le 21 septembre. Caserio trouvait *drôle* d'être né le jour de la fête de la Vierge : il plaisantait souvent sur cette coïncidence.

On sait l'indignation générale qui s'est manifestée à Lyon à la nouvelle que l'assassin de M. Carnot était un Italien. Des établissements publics — grands cafés ou petits établissements — ont eu à essuyer de véritables sièges, ont été mis à sac et, il faut aussi malheureusement l'avouer, ces élans d'indignation, de patriotisme exalté, ont été le prétexte de vols, de pillages. Le consulat d'Italie a été menacé. La personne des Italiens, pendant quelques heures, n'a pas paru en sûreté, comme si nos compatriotes avaient songé tout à coup à prendre la revanche des Vêpres siciliennes.

Depuis quelques années d'ailleurs, les relations entre les deux pays ne sont pas ce qu'elles devraient être, et il existe un état latent de méfiance et d'irritabilité qui éclate, de temps en temps, sous un prétexte quelconque, sur des chantiers, à Aigues-Mortes, et trouve aussitôt de l'écho à Turin, à Gênes, à Rome même, sur la place de l'ambassade de France.

L'Italie n'est plus la *Venenosa Italia,* comme on disait autrefois, au temps de la *Cantarella* des Borgia, ou de l'*Aqua Toffana*, la petite eau de Naples. Les criminalistes italiens sont d'accord sur ce point : l'*Italia e la terra del maleficio*. C'est en effet la terre classique des crimes de sang, ou simplement, comme l'écrit Bournet, du meurtre (*del omicidio improviso*). N'oublions pas en effet qu'en trente ans, chez nos voisins, il y a eu 67 680 personnes de tuées, que les instruments préférés des criminels italiens sont les instruments tranchants et pointus (28 0/0), le poignard ou le stylet.

Un écrivain sicilien disait de ses compatriotes vers 1860 : « Chez eux, l'assassinat n'est qu'un geste », en employant l'expression si souvent reprochée à ce poète blessé lors de l'explosion du restaurant Foyot.

Les Italiens, depuis César, ont bien souvent passé les Alpes et se sont mêlés de nos affaires. Il les ont même dirigées avec de purs Italiens comme Mazarin (1), avec des Italiens d'origine, comme Bonaparte, ce génie de la guerre, Gambetta, l'homme d'état incomparable.

Mais ils ont pris part à nos discordes civiles, et de Marat à Caserio, sans compter les carbonari, les internationalistes, les anarchistes, les derniers régicides appartiennent à cette nationalité : Fieschi, Pianori, Orsini et Pieri.

En résumé, il nous paraît que l'*omicidio improviso* des Italiens est un article d'exportation trop souvent préparé pour notre pays et c'est là une constatation qui n'est pas une quantité négligeable dans l'étude que nous faisons.

Caserio avait 20 ans. C'est l'âge des passions bouillantes, des idées généreuses et des chimères, le moment d'encaissement facile pour les phrases creuses et les sophismes. C'est aussi la période de la vie pendant laquelle apparaissent et se développent plus ou moins vite les psychoses des dégénérés.

Notre collaborateur M. le Dr Régis, dans une étude sur les *Régicides* qui a paru en 1890 dans les *Archives*, dit qu'à de rares exceptions près tous les régicides célèbres étaient à peine âgés de 30 ans au moment de leur attentat. Tout le monde a été frappé du grand nombre de jeunes gens qui ont pris part au mouvement anarchiste. Ce ne sont pas les moins violents et ils devraient être particulièrement surveillés comme le faisait la police de Napoléon. « Persuadé sans doute que l'enthousiasme et l'abnégation personnelle sont, pour ainsi parler, des maladies de la première jeunesse, la police de l'Empire, bien que scrutant scrupuleusement tous les individus venant de l'étranger,

(1) En 1659, après la paix des Pyrénées qui nous donnait l'Artois et le Roussillon, Mazarin disait : « Si mon langage n'est pas français, mon cœur l'est en entier. » Il faut, en effet, remarquer, que de tous les étrangers qui s'incorporent si nombreux, chaque année, à notre pays, les Italiens sont ceux qui prennent le plus vite les habitudes, l'esprit, le génie français.

exerçait en outre une surveillance spéciale sur ceux qui n'étaient âgés que de 18 à 20 ans (1). »

Régis rapporte que Napoléon avait voulu gracier Staaps, ce jeune Allemand de dix-huit ans et demi qui avait cherché à le tuer. « Mais son entourage militaire insista fortement sur la nécessité de contenir par un exemple les dispositions de la jeunesse allemande. » Peu de temps après, nouvelle menace d'attentat par la Sahla, âgé de dix-huit ans. Napoléon le fit enfermer à Vincennes et écrivit cette note en marge du rapport qui lui fut transmis par le ministre Rovigo : « Il ne faut pas ébruiter cette affaire, afin de n'être pas obligé de la finir avec éclat. L'âge du jeune homme est son excuse ; on n'est pas criminel d'aussi bonne heure lorsqu'on n'est pas né dans le crime. Dans quelques années il pensera autrement, et on serait au regret d'avoir immolé un étourdi et plongé une famille estimable dans un deuil qui aurait toujours quelque chose de déshonorant. Mettez-le à Vincennes, faites-lui donner les soins dont il paraît que sa tête a besoin, donnez-lui des livres, faites écrire à sa famille et laissez faire le temps ; parlez de cela à l'archichancelier, qui est un bon conseil (2). »

L'âge n'est pas toujours une excuse. Mais si on ne plaint pas ce misérable de vingt ans, on ne peut se défendre d'un sentiment de commisération attendrie pour une mère, de vieux parents.

La fiche anthropométrique de Caserio a été relevée le 25 juin à la prison Saint-Paul. Elle peut donner lieu à quelques observations.

La taille de l'assassin est élevée, l'envergure est supérieure à celle-ci de 5 cm. 4. Le buste est développé, puisqu'il dépasse de un centimètre la longueur de la partie inférieure du corps. Les muscles sont volumineux.

(1) *Témoignages historiques ou quinze ans de haute police*, par Desmarets, Paris, 1833.

(2) *Mémoires de Rovigo*, t. V, p. 100

Caserio Santo Ironimo

La tête, qui paraît petite, est bien conformée, c'est un brachycéphale avec un indice de 0,84. Le front est normal, le regard doux le plus souvent, mais dans les discussions politiques, il devient tout à coup effrayant.

Rien de particulier du côté des oreilles.

Les chevéux sont châtains et épais, la barbe naissante, la moustache fine avec quelques poils au menton. La peau avec une teinte un peu bistrée, comme celle des Italiens présente de nombreux *nœvi.*

Caserio est un de ces hommes *maigres et pâles* que redoutait César.

Il est plus difficile de demêler l'état mental de cet homme, de préciser exactement quels étaient ses sentiments, ses actes, ses pensées. La partie prédominante de son cerveau était-elle l'occipitale, la pariétale, la frontale ? Il n'est peut-être pas impossible de répondre à quelques-unes de ces questions.

Caserio avait à peine une instruction primaire ; il lisait couramment et savait un peu écrire.

Sa mémoire était excellente. C'est un visuel, il a le souvenir topographique. Les petits faits, les choses vécues, vues, restent définitivement gravées dans son souvenir. Il indique plus tard les réflexions qu'il a faites sur le prix du billet d'Avignon à Lyon et les raisons qui l'ont obligé à s'arrêter à Vienne. Pendant le dernier trajet il indique les allants et venants, voit les maisons, signale les gendarmeries. Qu'on lise ce remarquable récit communiqué par M. le juge d'instruction et qui donne l'emploi du temps de Caserio pendant les journées des 23 et 24 juin. Je ne connais pas de lecture plus empoignante : c'est en l'espèce un vrai chef-d'œuvre. Je l'ai lu tout d'un trait, haletant pour ainsi dire, cherchant dans cette suite de faits, de réflexions, à préciser un état mental. Et comme je félicitais M. Benoist d'avoir

FICHE ANTHROPOMÉTRIQUE

CASERIO Santo Ironimo, fils d'Antoine et de Martina Broglia, boulanger, sans papiers.

I. — Renseignements anthropométriques

Taille	1m71.6	*Longueur :*	pied gauche	26.7
Voûte	»	»	médius gauche	12.0
Envergure	1m77	»	auriculaire gauche	9.3
Buste	0m86.6	»	coudée gauche	47.3

Tête : longueur 18.2
» largeur 15.4

Couleur de l'iris gauche : impigmenté intermédiaire verdâtre clair.

Oreille droite : longueur 6.2
» » largeur 3.4

Agé de 20 ans.
Né le 28 septembre 1873, à Motta-Visconti (Italie).

II. — Renseignements descriptifs

Front : inclinaison, droit.

Nez : dos rectiligne, base horizontale, » dimensions moyennes.

Oreille droite, bordure : postérieure, ouverte et plate.

Oreille droite, lobe : uni, grand, convexe.

Barbe naissante.

Cheveux châtain moyen.

Autres traits caractéristiques

Menton effacé et fossette.
Age apparent.

III. — Observations relatives aux mensurations, marques particulières et cicatrices.

I — Forte envie rousse poilue, ovale de 8/4 verticale, à 4 dessus coude gauche postérieur.

II. — Saignée sur coude droit antérieur, nœvus poilu à 4 sous coude droit externe.

Cicatrice rectiligne de 3 millimètres oblique externe entre pouce et index droit postérieur.

III. — Nœvus poilu à 3 en avant goutte gauche.

IV. — Nœvus à 4 sous aisselle gauche.

VI. — Deuxième orteil droit et gauche chevauche sur les premier et troisième.

si bien rendu ce que Caserio avait conté. « Mais, me répondit le magistrat, j'ai traduit en français ce qu'il m'a dit dans son charabia ; je n'ai ajouté ni un trait, ni une ligne ».

Il retenait facilement et saisissait assez vite les observations que l'on lui faisait. Ainsi à la fin de l'instruction, sans s'exprimer plus correctement, il évitait certaines fautes qui lui étaient familières au début.

Mais quand on a entendu son interrogatoire, le factum dont il fit donner lecture à la cour d'assises, quand on lit ce qu'il a dit ou écrit, on acquiert la conviction que si son intelligence était assez vive, elle était peu profonde. Il saisissait assez vite, comprenait, mais était incapable de réflexion, de comparaison, de jugement.

Il acceptait sans difficulté un paradoxe, un sophisme, une erreur. Des idées ridicules et même absurdes, mais bien présentées étaient toujours admises.sans difficulté si elles paraissaient répondre à ses conceptions politiques, bien rudimentaires d'ailleurs et invariablement exprimées par trois ou quatre formules, sa petite intelligence ne pouvant jamais apercevoir qu'un seul côté des choses.

Si on parle de ses principes, il les défend avec âpreté, ne faisant aucune concession, incapable même de reconnaître un point faible à sa doctrine. Avec son système il arrangeait tout dans une société : pas de propriété, donc plus de vol et, par conséquent, suppression des prisons. Sous le règne de l'anarchie, les crimes passionnels ne se montreront plus parce que le coupable devant être puni par les reproches de sa conscience et la réprobation publique, son châtiment sera tel qu'aucun individu n'osera s'y exposer.

D'ailleurs, il n'est jamais embarrassé et il a réponse à tout avec une ou deux phrases stéréotypées, comme celles-ci : « Ça, c'est un préjugé, un préjugé », ou bien : « C'est la faute à la société actuelle. Ça ne pourra plus se passer ainsi sous l'anarchie. »

En somme, ses connaissances politiques étaient à peu près nulles. Il s'était soumis à un gavage de lectures dont il avait retenu quelques phrases, sonnant bien à ses oreilles. Il rumine ces formules qui sont une pâture suffisante pour son esprit. Très superficiel, il s'enflamme de la doctrine anarchiste, éminemment simpliste, et qu'il comprend en entier. Les journaux et les brochures de la secte, en style vulgaire et enflammé, sont lus avec avidité. Il est presque insatiable. A Milan, il assiste aux séances des clubs, consacre tout son temps à la lecture et prélève même sur son sommeil le temps qui lui fait défaut.

A la prison, il essaye de lire *Don Quichotte*. Il ne dédaigne pas les ouvrages scientifiques, ceux qui s'occupent d'astronomie. Comme tout bon anarchiste, il est matérialiste, aussi critique-t-il les livres de Flammarion, parce que cet auteur fait jouer un certain rôle à l'intervention divine. Victor Hugo est un grand poète qui a bien décrit les maux dont souffre l'homme, mais il s'étonne que ce génie n'ait pas indiqué les remèdes que lui, Caserio, connaît si bien.

Si chez Caserio l'esprit est faible, il faut reconnaître que sa qualité prédominante est le caractère. C'est un énergique. Il y a chez lui une volonté forte, du courage pour entreprendre, de la persévérance pour exécuter un projet.

Dès qu'il est initié aux idées de l'anarchie, il se lance dans l'association, rêvant d'être un compagnon modèle et il sacrifie tout à ses convictions.

A Milan, quoique fort ignorant et presque illettré, il participe activement à la propagande par le journal, par les brochures. Et ce prosélytisme, ce ministère d'apôtre flattent sa vanité et chauffent son zèle. Il se fait arrêter plusieurs fois, toujours au premier rang. Comme il ne veut pas être soldat et servir son pays, il quitte l'Italie. Il traverse, presque sans argent, grâce aux compagnons, la Suisse et le sud-est de la France, s'arrête à Lyon et à Vienne, puis va se fixer à Cette. Malade, il entre à l'hôpital (1) où il s'excite par une propagande effrénée, et on dit que, dans des conciliabules de convalescents, les plus sombres complots sont préparés. Caserio a d'ailleurs déclaré que ses idées criminelles avaient été la conséquence de son séjour à l'hôpital de Cette.

Les exécutions de Vaillant et d'Henry lui mettent la rage au cœur et font germer dans son cerveau des idées de haine et de vengeance. La littérature pessimiste du parti lui dépeint et lui montre l'existence de l'ouvrier avec des couleurs si noires qu'il est bientôt las de la vie et pense à y mettre fin. Mais comment en finir? il ne veut pas mourir bêtement, se noyer ou se pendre comme un désespéré, terminer ses jours comme un imbécile. Son incommensurable vanité ne saurait se contenter de cette fin. Il va se sacrifier pour sa cause, vendre chèrement sa tête et montrer aux compagnons qu'il était bien l'homme fort et résolu qu'ils ont connu. Son crime est un *suicide indirect.*

Il est énergique, il est plein de foi, mais le bonheur rêvé que l'on lui a fait entrevoir ne vient jamais, et c'est maintenant un désillusionné.

Dès sa sortie de l'hôpital son parti était pris. Il attend l'occasion. Pendant plusieurs mois il la guette Enfin, elle se présente. Le voyage présidentiel à Lyon si souvent annoncé est enfin fixé. Il n'hésite plus, l'occasion est trop favorable. Il part et accomplit avec une énergie sauvage la résolution prise depuis longtemps. Voilà la genèse du crime !

(1) Il avait une « éruption de boutons » aux jambes, probablement d'origine syphilitique.

Le côté affectif de sa nature n'était pas fait pour apporter un obstacle quelconque à cette résolution désespérée. Il avait encore moins de cœur que d'intelligence. Certes, Caserio n'était pas un sentimental. Il ne rêvait pas la paix des âmes, la tendresse et la bonté universelles.

Dans la doctrine qu'il avait adoptée, il n'avait été frappé que par le côté matériel. Il désirait le nivellement général des classes, l'égale répartition des richesses, la même dose à chacun de jouissances et de plaisirs.

Cependant, ses prétentions personnelles à une existence heureuse et telle qu'il la comprenait n'avaient rien d'excessif. L'idéal du bonheur pour lui aurait été de voyager, voir beaucoup de pays, être assuré, tous les jours, de se mettre sous la dent deux livres de pain et de fumer quinze centimes de tabac. L'existence du vagabond, dans ces conditions, lui semblait pleine de charmes. Impulsif, il avait comme un prurit musculaire et sentait le besoin des déplacements constants. C'était un *itinérant*, n'aimant à se fixer nulle part, évitant ainsi toute obligation sociale.

Les journaux nous ont appris qu'en prison il s'est préoccupé de bien manger, de dormir longuement et de fumer tout à son aise. C'était d'ailleurs ce qu'il avait fait lorsqu'il était en liberté et on peut dire que la vie n'avait jamais été bien rude pour lui. Sans travail, plusieurs fois il avait fait appel à sa famille qui l'avait nourri, logé ou lui avait envoyé quelque argent.

Il n'a été ni reconnaissant de ces sacrifices, ni plus affectueux. Il ne donne pas la plus petite marque d'affection filiale. Sa mère, ainsi que le fait remarquer M. le président Breuillac, à en juger par sa correspondance, est une femme de beaucoup de cœur. « C'est une femme du peuple qui a des sentiments élevés. » La douleur et les angoisses de cette mère le laissent froid. Les lettres affectueuses de ses frères et de ses sœurs le touchent à peine, et jamais il n'a paru ému ou n'a versé une larme en les lisant. Il a cependant une fois pleuré. C'est à l'audience lorsque Me Dubreuil évoque la douleur de sa mère qui passe ses journées assise, la tête dans ses mains, murmurant en sanglotant : O mon fils! Mon pauvre fils!

Et après sa condamnation, à la prison, il n'a qu'un regret : c'est d'avoir laissé échapper ses larmes. Il est mécontent de cet attendrissement : « Les compagnons, dit-il, vont se moquer de ma faiblesse. »

Des faiblesses affectives ou autres, même celles qui sont si naturelles à son âge, il n'en a jamais eu. Pendant les séjours prolongés dans différentes villes, au cours de ses voyages, il n'a jamais été retenu ou guidé par l'influence de l'amitié ou de l'amour. Caserio est un frigide. Il a été insensible à l'amour platonique ou grossier. Et cependant, il le répète souvent, il s'est dévoué pour le bonheur de ceux qui souffrent, des *miséreux*.

Ce jeune homme se dépensait en activité laborieuse, à son travail, à ses lectures. Voilà les causes seules de ses fatigues, de ses sommeils profonds. Les rapports de police disent encore qu'il parlait peu et était taciturne. C'est un solitaire, et seul certainement, il a médité et préparé son crime.

Peu instruit, d'intelligence médiocre, incapable d'observation et de réflexion, dépourvu complètement des sentiments affectueux même les plus élémentaires, Caserio, fils d'épileptique, n'avait que de l'activité, du caractère. Un vrai type de pariétal, un impulsif par conséquent.

Ces individus-là aux muscles d'acier et par conséquent n'ayant pas peur des obstacles, insubordonnés, agités, dont le sang est comme de la dynamite coulante, sont aussi dangereux que les bombes dans les mains des chefs anarchistes. La machine chauffée à blanc est lancée à toute vapeur sur la voie : elle éclate au moment voulu.

Il a toujours pensé que le crime qu'il avait commis serait utile à la cause de l'anarchie et il ne l'a jamais renié. On peut cependant se demander si cet assassinat ne lui a pas laissé, non des remords, mais quelque chose comme un regret. Ainsi, un jour qu'il parlait d'assassinat, il déclara tout à coup que pour lui il se serait senti incapable de frapper une personne qu'il aurait eu déjà vue. Pendant son séjour à Milan, presque tous les matins, il voyait passer et saluait Humbert, roi d'Italie, allant ou revenant de Monza. Il n'aurait pas pu lui porter un coup de poignard, mais, il ne se serait pas refusé à lui lancer une bombe. Si avant de frapper le Président, il avait, dit-il, rencontré ce regard fixe, mêlé de douceur et d'effroi, que M. Carnot a jeté sur lui lorsqu'il s'est senti blessé, il n'aurait jamais enfoncé le poignard dans le corps de sa victime.

Après tous les renseignements qui précèdent, il est possible de traiter la question de responsabilité. Elle a préoccupé le magistrat instructeur et au début de l'interrogatoire de l'accusé, le président des assises indique qu'elle ne saurait entrer en ligne de compte. C'est l'avis de l'intéressé lui-même, qui répond avec conviction : les Caserio ne sont pas fous.

Il n'a d'ailleurs jamais été question de soumettre Caserio à l'examen de spécialistes, à l'effet de rechercher l'état mental de cet homme et de préciser sa responsabilité.

Comme médecin expert et criminologiste, il nous a paru intéressant d'étudier ce problème.

Nous nous sommes demandé si Caserio était un fou, un dégénéré, ou simplement un fanatique assassin.

Mais de quel genre de folie pourrait-il être atteint ? Est-ce un maniaque, un persécuté-persécuteur, pour parler des formes les plus caractéristiques ? Non, assurément. Mais serait-il en proie à une des formes de l'épilepsie ? Il est fils d'épileptique ; cette hérédité-là est établie, et nul n'ignore que c'est la plus oppressive.

Recherchons donc si Caserio en présente les symptômes ou les stigmates.

Il n'a pas les caractères d'asymétrie épileptogène décrite par Lasègue. On a toutefois relevé un menton effacé et à fossette. Le visage ne présente pas d'autres particularités, sauf ce rire continu, contracté, comme satanique, et qui m'a produit une impression pénible. Ce rire était-il affecté pour la circonstance, ou lui était-il habituel ? Un rire semblable et continu est une sorte de tic. Il faut se méfier de ceux qui ne savent pas rire : ce sont des méchants et des fourbes.

Rappelons que son envergure dépasse de beaucoup la taille (Tonnini, Civadolli et Amati), qu'il a des orteils chevauchant (Lombroso), que dans la station debout il a une attitude rappelant celle des quadrumanes, les pieds étant écartés pour élargir la base de sustentation (Féré).

Voilà, en les cherchant bien, des particularités insignifiantes et de peu de valeur à côté des autres constatations qui ont été faites. La mémoire est remarquable et presque impeccable ; dans le trajet de Cette à Lyon il n'y a pas le moindre automatisme. On ne constate jamais d'inconscience, d'absences ; il n'y a pas traces d'hallucinations, de visions, de cauchemars, de crises quelconques. J'ajoute que les épileptiques sont le plus souvent des génitaux ; or, pour Caserio, nous nous sommes expliqué sur ce point.

J'ignore si on a recherché l'incontinence d'urine. A-t-il été syphilitique, comme on l'a prétendu ? Dans ce cas, on aurait pu penser aux conséquences de l'infection, que Fournier à décrites sous le nom d'affections parasyphilitiques.

En somme, d'après les renseignements que nous avons, nous pouvons dire que Caserio n'était pas un épileptique.

Les psychiatres allemands diront peut-être que Caserio était un *paranoïque partiel*. D'autres prononceront le nom de neurasthénie. On se demandera enfin si Caserio a eu des obsessions et si ses obsessions, pour parler le langage de l'Ecole, étaient les syndromes épisodiques de la folie des dégénérés héréditaires (Maudsley, Magnan, Ladame, Garnier).

Caserio était-il un déséquilibré, un dégénéré? Faut-il le ranger dans la catégorie des *régicides*, tels qu'ils ont été groupés par Régis?

Sous le nom de régicide, notre distingué collègue désigne les fanatiques qui, en dehors de toute secte et de toute conspiration, ont assassiné ou tenté d'assassiner un monarque ou un puissant du jour.

Caserio rentre-t-il dans cette catégorie? Il n'y a pas eu complot ou conspiration, mais il est difficile d'admettre qu'il n'était pas affilié à un parti, à une secte.

Les définitions ayant peu d'importance, examinons successivement les caractères généraux et particuliers des régicides.

Ils ne sont ni absolument sains d'esprit ni absolument aliénés. On peut les considérer comme des déséquilibrés. Ils ont des tares héréditaires et chez leurs parents on rencontre des excentriques, des épileptiques. On relève des stigmates, tels que : malformations du crâne, anomalies de l'oreille, strabisme, etc. Ils ne sont dénués ni d'intelligence ni de sens moral, mais ils offrent en même temps des lacunes profondes, « En sorte qu'ils peuvent passer pour des esprits distingués ou des esprits faibles, selon la façon dont on les envisage ou ceux de leurs actes qu'on essaye d'interpréter. » La caractéristique est une sorte d'instabilité maladive qui, les rendant toujours mécontents, ne leur permet pas de se plier aux exigences d'une profession régulière et suivie, et les livre au hasard de l'inconnu. En somme, ce ne sont pas des fous, mais des demi-fous, des mattoïdes, comme disent les Italiens, chez lesquels il y a un tel mélange de raison et de folie, qu'il est difficile de faire la part de l'une ou de l'autre.

Exaltés et enthousiastes, ils s'enflamment pour les choses de la religion et de la politique, et leur mysticisme est agressif. Quand leurs théories sont en jeu, ils s'emportent et ne supportent pas la plus légère contradiction. Lorsque leurs idées deviennent délirantes, suivant leur caractère et le milieu ambiant, le délire est religieux ou religieux et politique, plus rarement politique. Il y a parfois des hallucinations qui ont ce caractère d'être de véritables *visions*, *intermittentes*, se produisant *surtout la nuit* et parfois se confondant avec le *rêve*.

Comment accomplissent-ils leur attentat ? Ce n'est pas d'une façon subite et à l'aveugle, comme les fous hallucinés et impulsifs. Le crime est logiquement conçu, prémédité et préparé. Quand le régicide est décidé, il va droit au but avec l'audace et l'énergie d'un convaincu... Les régicides frappent leur coup avec une audace et une violence extraordinaires. Ravaillac « avait donné dans la poitrine de Henri IV comme dans une botte de foin », si bien que le couteau disparut tout entier dans la blessure et que son pouce alla jusqu'à toucher le pourpoint du roy. » Si cette citation de Régis rappelle l'événement qui nous occupe, il n'en est plus ainsi de la suivante : « Le crime accompli, ces fanatiques ne cherchent pas à s'enfuir. »

Régis croit que chez les régicides le suicide après l'attentat est un fait exceptionnel, même pour le suicide indirect ; le régicide ne recherche pas le suicide, il aspire au martyre.

C'est pour cela, d'ailleurs, qu'ils montrent en face de leurs supplices un courage tout à fait extraordinaire. On sait les tortures qu'a endurées Damiens, à tel point que Michelet a pu dire que c'était le plus remarquable exemple, pour la physiologie, de ce qu'un homme peut souffrir avant de mourir.

Enfin, Régis ajoute qu'un certain nombre d'anarchistes exaltés lui paraissent être des régicides : « Autrefois, ils eussent été religieux, aujourd'hui ils sont anarchistes, voilà toute la différence, et il ne faut voir en eux que la transformation apparente d'un type au fond toujours le même. »

Telle est la théorie des régicides, formulée par un aliéniste de mérite.

Malgré des rapprochements faciles à faire avec Caserio, nous n'oserions, d'une façon certaine, ranger celui-ci dans la catégorie indiquée sous le nom de *vrais régicides*. Nous avons expliqué autrement la genèse du crime.

Caserio n'est pas un fou ; peut-être dira-t-on qu'il avait quelques caractères des dégénérés. C'était un fanatique assassin.

Cette bête humaine, défectueuse déjà par ses origines, a surtout été viciée par les théories du parti anarchiste, qui en ont fait un être antisocial. Pour Caserio, cet assassinat est un moyen de terrorisation, la revanche d'un parti, l'assouvissement de la haine et en même temps la consécration d'une réputation d'énergie et de vaillance vantées par les compagnons, la gloire bruyante et — très probablement — la fin d'une existence devenue insupportable.

Caserio était responsable. Il était juste et nécessaire qu'il fût frappé de la peine que nos lois actuelles réservent aux auteurs des plus grands crimes.

Et cependant nous ne pouvons nous défendre d'un sentiment de pitié pour ce tout jeune homme, fils d'épileptique, d'une nature audacieuse et indomptable, que les doctrines malfaisantes ont excité et perdu, et qui après avoir, dans sa petite tête, conçu un abominable crime, l'a exécuté avec une sauvage énergie, grâce à un concours de circonstances vraiment extraordinaire et défiant toute prévision. Comment s'expliquer que ce garçon boulanger, aux vêtements sordides, sans argent, s'exprimant mal en français, fasse un long trajet en chemin de fer ou à pied, et, connaissant à peine la ville, dans le brouhaha d'une fête, à travers une multitude, parvienne précisément, à l'heure propice et à la bonne place, où il était le plus facile d'approcher la voiture présidentielle! Que d'obstacles auraient pu se trouver sur sa route et écarter du but cette machine infernale lancée de Cette à Lyon !

Caserio n'est pas mort avec courage. Il a eu à lutter, au moment suprême, contre les angoisses de son être. Quand sa tête est tombée, il y a eu des « bravos » et des applaudissements. La grande voix du peuple est injuste souvent, mais elle peut être aussi le cri spontané de la justice, de la vérité. Jamais, peut-être, la peine de mort n'a trouvé plus d'approbateurs.

A. LACASSAGNE

RÉCIT DE CASERIO

SUR L'EMPLOI DE SON TEMPS PENDANT LES JOURNÉES DES 23 ET 24 JUIN

(Communiqué par l'autorité judiciaire)

A CETTE

J'ai travaillé chez mon patron à Cette le samedi 23 juin jusqu'à 10 heures du matin, il m'a réglé mon compte et m'a remis 20 francs pour solde de mon mois de 30 francs, il me restait encore de 4 à 5 francs sur l'à-compte de 10 francs que j'avais touché le dimanche 17.

Vers 11 heures et demie du matin, j'ai été acheter mon poignard chez un armurier rue de la Caserne (?) près du marché, de la mairie et du grand café de France. Je l'ai payé 5 francs.

Vers une heure du soir j'ai été au café du Gard où j'ai demandé l'*Intransigeant*, j'ai échangé divers propos avec le patron et des consommateurs, j'ai dit que j'allais à Lyon, mais on a dû croire que je plaisantais.

Vers 3 heures je me suis rendu à la gare, le train direct sur Montpellier venait de partir, mais j'ai pris à 3 heures 5 le train pour Montbazin. Repartant de Montbazin à 4 heures, je suis arrivé à Montpellier à 4 h. 43.

A MONTPELLIER

Il n'y avait plus de train pour Avignon avant 11 heures 23 du soir ; j'ai été trouver M. Laborie que j'avais connu à Cette et j'ai passé toute la soirée en compagnie de M. et Mme Laborie et d'un camarade de Laborie.

Ils m'ont accompagné à la gare à 11 heures.

A 11 heures 23 du soir je suis parti, j'avais demandé un billet pour Avignon mais on m'a dit que le train n'allait qu'à Tarascon. En route deux gendarmes portant la correspondance sont montés dans mon compartiment. Nous avons échangé quelques mots puis ils se sont endormis jusqu'à Tarascon.

A Tarascon, l'employé qui donne les billets m'a dit que pour aller en troisième jusqu'à Avignon, je devais attendre jusqu'à 7 heures du matin, tandis que, en payant 1 franc de plus, je pourrais partir tout de suite par l'express. Je me suis décidé et j'ai payé 2 fr.45, je suis monté dans un compartiment de première qui était plein et j'ai dû rester debout pendant la demi-heure du trajet. Tous ces bourgeois semblaient effrayés, en voyant au milieu cet homme si mal habillé. Je portais les vêtements avec lesquels j'ai été arrêté à Lyon : pantalon et veston gris clair, casquette plate en drap gris clair avec une grande visière de même étoffe.

A AVIGNON

Je suis descendu en gare à Avignon le dimanche 24 juin à 2 heures 40 du matin, j'ai remis mon billet à l'employé chargé de le recevoir. Ce même employé (ou un autre) à qui j'ai demandé ensuite l'heure du premier train pour Lyon en troisième classe et le prix, m'a répondu : 4 heures 10 et 11 fr. 50. Après être sorti de la gare quelques instants, j'y suis rentré pour y dormir sur un banc jusqu'à 3 heures et demie. Je suis sorti de la gare de nouveau pour acheter un petit pain de deux sous chez le premier boulanger que j'ai trouvé. Puis je suis revenu à la gare. J'ai compté mon argent. Il me restait à peu près 12 francs, mais j'ai réfléchi que si je dépensais 11 fr. 50, il ne me resterait pas assez pour manger et pour mon tabac. Je savais, pour l'avoir faite en 1893 en sens inverse, que la route de Vienne à Lyon n'était pas très longue. J'ai demandé un billet pour Vienne et n'ai payé que 9 fr. 80.

Au départ d'Avignon à 4 heures 12 j'étais seul. En route il est monté ou descendu une foule de gens. A l'arrivée à Vienne vers 9 heures trois quarts, mon wagon était complet.

J'avais acheté en route, je ne sais à quelle gare, le numéro du journal *Lyon Républicain* dont j'ai détaché le programme de la journée que l'on a retrouvé sur moi. C'est également dans un morceau de ce journal que j'ai enveloppé la poignée du poignard qui dépassait trop la poche et aurait pu attirer l'attention.

A VIENNE

A Vienne, j'ai vu ou cherché à voir plusieurs personnes que j'y avais plus ou moins connues en 1893. J'ai dit à deux personnes et notamment au perruquier qui m'avait rasé que je partirais pour Lyon en chemin de fer par le train de 3 heures du soir.

Vers 1 heure et demie du soir, j'ai bu un verre avec le perruquier, puis je suis parti après à Lyon tout seul.

DE VIENNE A LYON

Je suis sorti de Vienne par la rue de Lyon où, à droite, une plaque indicatrice porte : Vienne à Lyon, 27 kilomètres; à Lyon-Bellecour, 29 kilomètres. Un peu avant d'atteindre cette plaque, j'avais acheté un paquet de tabac de 50 centimes dans un débit situé du même côté de la route. Il devait être à peu près 2 heures.

En sortant de Vienne, j'ai vu beaucoup de personnes qui allaient se promener.

A une dizaine de kilomètres de Vienne, deux hommes étaient assis au bord de la route, fumant. L'un avait enlevé sa jaquette. Ils semblaient des paysans endimanchés, l'un de 25 ans environ, l'autre de 35 à 40. Ils m'ont demandé la route de je ne sais quelle localité, j'ai répondu : « Je vais à Lyon. Tout ce que je sais, c'est que je suis sur la route de Lyon. »

Un peu plus loin j'ai rencontré un groupe de trois personnes, un homme et une femme aveugles, et entre eux deux une femme qui les conduisait.

C'étaient probablement des mendiants, ni vieux ni jeunes. Ils se sont arrêtés devant une maison sise au bord de la route, à droite; une femme était sur la porte de cette maison, La conductrice des aveugles a salué cette femme, comme pour demander la charité. C'était environ à 12 kilomètres de Vienne.

Peu après cette rencontre j'ai demandé à boire un verre d'eau dans une maison située à une quinzaine de pas de la route, à main droite. Il y avait là un homme âgé avec un chien de garde qui a aboyé après moi et que son maître a fait taire. Cet homme venait justement d'aller puiser de l'eau dans un arrosoir. Il m'a dit qu'elle était toute fraîche, j'en ai bu deux verres. Il m'a dit de m'arrêter parce que j'avais chaud et que cela me ferait du mal.

Ensuite j'ai traversé un beau village (probablement Saint-Symphorien-d'Ozon) où j'ai remarqué à droite une belle maison avec une grille et une cour. Il y avait en grandes lettres « Gendarmerie nationale », et au-dessus en plus petites lettres « Mairie ». C'était à peu près à moitié chemin.

Il est tombé un peu de pluie, je me suis abrité dix minutes sous un arbre. Puis j'ai atteint un autre village plus petit que le précédent (probablement Feizin). J'ai laissé à gauche une maison portant « Gendarmerie nationale ». Au-devant, un gendarme en petite tenue de toile blanche, assis avec deux femmes, fumait sa pipe. J'ai passé en fumant moi-même la cigarette. Il ne m'a rien dit. Un peu plus loin quatre personnes jouaient aux boules, dont un homme d'une quarantaine d'années et une jeune fille d'une vingtaine d'années qui portait des lunettes. Ensuite et à gauche il y avait le « restaurant des Chasseurs ». Ensuite un poteau de fer sur la route portait d'un côté « Rhône » et de l'autre « Isère » et l'interdiction de la mendicité dans ce département.

Je suis parvenu à un grand village avec beaucoup de fabriques et de grandes cheminées (Saint-Fons). A gauche il est sorti d'un cimetière plus de trente personnes en deuil, dont deux ou trois pleuraient, comme si l'on venait d'enterrer un mort.

Après avoir laissé à gauche un chemin en pente assez forte vers le chemin de fer, j'ai trouvé sur la route qui se nommait à cet endroit rue Nationale, la voie du tramway à vapeur venant de la droite et tournant à angle droit sur ma route à Lyon. J'ai vu un train à vapeur venant de Lyon, puis un autre se dirigeant sur Lyon, plein de monde et orné de drapeaux tricolores.

En route, à droite ou à gauche, j'ai vu une rue Carnot, je me suis cru à Lyon, mais il y avait encore beaucoup à marcher.

ARRIVÉE A LYON

J'avais passé à Lyon dix-sept à dix-huit jours, en août 1893 probablement; mais ignorant la langue je ne m'étais guère écarté de l'endroit où je travaillais et de celui où je couchais et j'étais seulement venu jusqu'à la place de la Guillotière (place du Pont) où il y avait un concert dans un café et le Rhône à peu de distance, avec un grand pont conduisant au centre de la ville. Je voulais donc arriver à la Guillotière pour m'orienter. A force de suivre la voie du train à vapeur, j'ai rencontré un train à chevaux sur lequel j'ai lu « la Guillotière » Je l'ai suivi ; mais il venait probablement de la Guillotière au lieu d'y aller et je voyais des jardins et de petites maisons succéder aux grandes constructions. Cependant deux militaires sont sortis, sur une place, d'une porte où il y avait une grande cour.

Ils tenaient leurs chevaux, sont montés dessus et sont partis rapidement à gauche. Je les suivais, quand j'ai rencontré un grand jeune homme de 25 ans environ, bien mis, à moustaches noires. Je lui ai demandé la place de la Guillotière. Il m'a répondu que je n'étais pas sur le chemin, mais que lui-même allait tout près et me guiderait.

Je l'ai suivi par une rue étroite avec une voie de train à chevaux. Je lui ai dit, en route, que je venais de Cette et que je ne me rappelais de Lyon que la place de la Guillotière.

Après avoir marché vite une quinzaine de minutes, ce jeune homme me laissa sur la place du Pont. De là j'arrivai au grand pont plein, en face, après avoir laissé à droite et à gauche de petits jardins où on était en train d'allumer des lanternes de couleur dans les gazons.

Après le pont, j'ai trouvé une large rue ayant, à gauche, un café sans portes très éclairé et plein de monde ; à droite, un palais tout neuf magnifiquement illuminé à gaz. Au bout de cette rue, j'ai vu à gauche une rue toute garnie de lumières faisant des arceaux rapprochés d'un côté à l'autre de la rue. J'ai suivi la foule qui y entrait. J'arrivai à une sorte de place où les arcs lumineux cessaient; mais, après quelques hésitations, je m'engageai dans une rue illuminée comme la première et j'arrivai bientôt à un endroit où les gendarmes, gardes de police, etc., faisaient reculer la foule pour laisser la voie libre. Il y avait en face un grand palais illuminé. J'ai compris que c'était le palais de la Bourse, car j'avais lu sur le journal : « A six heures, grand banquet au palais de la Bourse et à neuf heures représentation au Grand-Théâtre ». Du reste, on a expliqué devant moi que le président allait sortir de ce côté du palais pour se rendre au Théâtre.

PLACE DE LA BOURSE

La manière dont on avait fait ranger la foule me montrait bien la direction qu'allait suivre le président pour aller au théâtre, et j'ai vu que de l'endroit où j'étais je ne pourrais pas parvenir au président, puisque j'étais sur la gauche de son parcours et je savais depuis plusieurs années que le plus haut personnage occupe toujours la place de droite au fond de la voiture.

J'étais donc décidé à passer de l'autre côté mais les agents n'ont laissé passer que des dames, ce qui faisaient rire la foule. Heureusement au bout de dix minutes est arrivé une grande voiture à deux chevaux dont le cocher avait sur la poitrine une grande plaque de carton blanc avec un numéro. On a laissé pénétrer cette voiture dans l'espace libre ; une quinzaine de personnes en ont profité pour la suivre et traverser, j'en étais et j'ai atteint l'angle du Palais, en face.

Mais les gens placés là au premier rang protestaient. Je leur ai dit : « Laissez-moi passer, je me mettrai derrière. » J'ai passé en effet derrière la foule, et j'ai fait dans la rue qui va au théâtre une vingtaine de pas jusqu'au niveau d'un bec de gaz, probablement le deuxième ou le troisième.

Je me trouvai d'abord en arrière de la foule formant trois ou quatre rangs et un peu sur la droite de ce bec de gaz. Il y avait notamment à droite du candélabre un homme et une femme avec un petit garçon d'une dizaine d'années qui était monté sur le support du candélabre. Un des gardiens de la paix placés en avant du trottoir a fait descendre cet enfant et j'ai profité du mouvement occasionné par cet incident pour prendre la place de la femme au second rang.

J'ai fait moi même à haute voix une réflexion sur ce fait, disant que ce bec de gaz était assez fort pour supporter un enfant. J'en ai fait une autre lorsque les gardiens ont refoulé sur le trottoir deux jeunes gens qui se tutoyaient et en tutoyaient un troisième et ont échangé une conversation à ce propos de mon langage qu'ils ne comprenaient pas, se demandant de quelle nationalité je pouvais être.

A ce moment l'un deux a tiré sa montre et a dit qu'il était huit heures et demie.

Un quart d'heure plus tard, un monsieur avec quatre dames, trois jeunes et une plus âgée, en grande toilette, venait de la droite au milieu de la chaussée. La foule s'exclamait. Les dames ont pris peur. Deux d'entre elles voulaient revenir sur leurs pas. Finalement elles ont tourné à gauche du côté d'où devait sortir le président.

J'affirme n'être pas monté snr le bec de gaz.

On venait de dire qu'il était 9 heures 5, tout le monde commençait à s'agiter. Il n'avait passé qu'une seule voiture fermée, arrivant au grand trot du théâtre à la Bourse pour repartir aussitôt de la Bourse au théâtre.

Enfin on a entendu la Marseillaise. Tout d'abord ont passé vite, pour assurer la liberté de la voie, quatre cavaliers que j'ai pensé être de la garde républicaine.

Puis il est venu à tout petits pas des militaires à cheval par pelotons de cinq files de quatre ou à peu près. Après la première troupe, un cavalier tout seul tenait sa trompette sans en jouer. Puis un second peloton comme le premier. Enfin la voiture du président dont les chevaux avaient leur tête à trois pas environ de l'arrière du dernier peloton. La tête du cheval du cavalier de droite se trouvait à peu près au niveau de la tête du président de la République.

L'ATTENTAT

Au moment où les derniers cavaliers de l'escorte passaient en face de moi, j'ai ouvert mon veston. Le poignard était, la poignée en haut, dans l'unique poche, du côté droit, à l'intérieur sur la poitrine. Je l'ai saisi de la main gauche et d'un seul mouvement, bousculant les deux jeunes gens placés devant moi, reprenant le manche de la main droite et faisant de la gauche glisser le fourreau qui est tombé à terre sur la chaussée, je me suis dirigé vivement mais sans bondir, tout droit au président, en suivant une ligne un peu oblique, en sens contraire du mouvement de la voiture.

J'ai appuyé la main gauche sur le rebord de la voiture, et j'ai d'un seul coup porté légèrement de haut en bas, la paume de la main en arrière, les doigts en dessous, plongé mon poignard jusqu'à la garde dans la poitrine du président. J'ai laissé le poignard dans la plaie et il restait au manche un morceau de papier du journal.

En portant le coup, j'ai crié, fort ou non, je ne puis le dire : « Vive la Révolution ! »

Le coup porté, je me suis d'abord rejeté vivement en arrière ; puis voyant qu'on ne m'arrêtait pas instantanément et que personne ne semblait avoir compris ce que j'avais fait, je me suis mis à courir en avant de la voiture et en passant à côté des chevaux du président, j'ai crié « Vive l'anarchie ! » cri que les gardiens de la paix ont bien entendu.

Puis j'ai passé devant les chevaux du président et derrière l'escorte, me dirigeant sur la gauche obliquement pour tâcher de pénétrer dans la foule et de disparaître. Des femmes et des hommes ont refusé de me laisser passer, puis on a crié derrière : « Arrêtez-le ! » Un garde m'a mis le premier la main au collet par derrière, et j'ai été aussitôt saisi par une vingtaine d'autres.

BLESSURE, OPÉRATION, MORT

DE M. LE PRÉSIDENT DE LA RÉPUBLIQUE FRANÇAISE

M. Carnot, président de la République française, a été assassiné le dimanche 24 juin, vers les neuf heures et quart du soir. A peine monté dans le landau découvert qui devait le conduire à une représentation de gala au Grand-Théâtre de Lyon, il fut frappé d'un coup de poignard. Dans la même voiture se trouvaient à sa gauche le général Borius, en face de lui M. le professeur Gailleton, maire de Lyon, qui avait à ses côtés le général Voisin, gouverneur militaire. L'attentat fut accompli très rapidement, et dans la voiture ont pu croire à un placet remis brutalement ou à un bouquet lancé avec force. Le président de la République eut un léger soubresaut, sa figure exprima, d'après des renseignements certains, une sensation de dégoût, et non de douleur ou d'effroi. L'impression de son entourage fut précisément telle qu'au premier moment on crut qu'un objet malpropre avait été jeté sur M. Carnot. Le président porta immédiatement la main sur la région frappée, et la glissant entre son gilet et le plastron de sa chemise, il la retira ensanglantée. « Je suis blessé », dit-il, et au même instant sa tête se renversait en arrière, il perdait connaissance. M. Gailleton

4

se précipita alors sur le président de la République pour lui donner les premiers soins, tandis que la voiture tournait brusquement sur la place voisine, abandonnant la direction du Grand-Théâtre.

C'est à ce moment, c'est-à-dire quelques secondes après le coup de poignard, que mandé par mon collègue, je vis M. Carnot. Le président était comme affalé dans sa voiture, les bras inertes pendant le long du corps, la tête abandonnée à elle-même, renversée. La face était d'une pâleur effrayante, les paupières mi-closes, l'œil vitreux, et si l'on n'eût entendu de temps à autre quelques légers gémissements, on eût pu croire que tout était fini.

Au milieu de l'affolement général, au milieu des cris de la foule, des bruits de la voiture et des cavaliers qui formaient l'escorte présidentielle, il n'était pas possible de se rendre compte soit de l'état du cœur, soit de l'état de la respiration. Les mains étaient froides et il me sembla ne plus sentir le pouls. Le collapsus était tel qu'avec M. Gailleton nous redoutions d'un moment à l'autre la mort du président.

Je pris alors place à ses côtés et je me hâtai avec mon collègue d'ouvrir les vêtements, et de faire sauter avec les mains tout ce qui pouvait être une gêne pour la respiration. En même temps nous cherchions à nous rendre compte du siège, des caractères de la blessure. Guidés par le sang qui souillait le plastron de la chemise, nous découvrîmes aisément à droite, à trois centimètres environ de l'appendice xiphoïde, au-dessous des cartilages costaux correspondants, une plaie de 20 à 25 millimètres de longueur, légèrement oblique suivant la direction de ces mêmes cartilages et à bords nets, comme dans une blessure par instrument tranchant. Du sang noir s'en échappait, et la quantité du sang perdu, à en juger par les vêtements imprégnés, pouvait être évaluée à trois quarts de verre environ. L'état de choc traumatique intense dans lequel se trouvait M. Carnot, le siège de la plaie, etc., nous permirent de porter de suite le diagnostic de plaie pénétrante du foie avec hémorragie interne abondante. En dehors, du reste, de ces signes, il fallait redouter une blessure intra-abdominale d'une grande profondeur, car au moment même du crime M. Gailleton, placé en face du président, avait perçu comme un bruit sourd tel que peut le produire un coup assez violent, un coup de poing par exemple, et il en avait conclu très justement que, s'il s'agissait d'un coup de poignard, la lame avait dû pénétrer jusqu'à la garde.

Pour lutter de mon mieux contre ces accidents si graves, je m'efforçai de placer le président dans une position telle que la circulation facilitée des centres nerveux pût conjurer une mort imminente. Un mouchoir chiffonné fut appliqué et maintenu légèrement sur la plaie.

Pendant ce temps le landau s'avançait au galop des chevaux dans la direction de la Préfecture où M. Carnot avait ses appartements, et qui était distante de sept à huit cents mètres du lieu de l'attentat.

Arrivé à la préfecture, le président, toujours complètement inerte, et qui dans ce trajet ne donna guère d'autres signes de vie que de faibles gémissements et que deux ou trois mouvements nauséeux sans vomissements, fut transporté dans sa chambre à bras-le-corps et étendu sur son lit, la tête aussi bas que possible.

Pendant qu'on apportait les instruments nécessaires, les pansements et les solutions antiseptiques réclamés dès le début à l'Hôtel-Dieu, j'appliquai sur la paroi abdominale des serviettes glacées et, comme dans le lugubre parcours, par de légères flagellations du visage, par des interpellations à voix forte, etc., j'essayai de rappeler le président à la vie.

Quelques instants après, un lit de camp était dressé dans cette même chambre, et lorsque l'illustre blessé y fut transporté, je tentai la seule opération qui pût permettre, sinon de le sauver, du moins de prolonger son existence. Convaincu par un nouvel examen qu'il s'agissait d'une blessure au foie et que le véritable danger immédiat était dû à une hémorragie interne, je n'hésitai pas, prenant la plaie comme point de départ, à pratiquer une laparotomie latérale. L'extrémité de l'index gauche introduite dans l'ouverture qu'avait faite le poignard m'avait permis de reconnaître le foie sous-jacent ; un flot de sang noir s'en échappa après cette exploration rapide. A ce moment, le collapsus, loin de diminuer, paraissait s'aggraver ; il ne pouvait donc être question d'anesthésie, et je me hâtai de débrider par en bas, sur une longueur de 10 à 12 centimètres. Cette incision était plus ou moins oblique par rapport à la ligne blanche ; elle seule pouvait donner un jour suffisant, car par en haut les côtes faisaient barrière et le poignard avait certainement pénétré de haut en bas et de dedans en dehors. Je fus frappé du peu de sang contenu en apparence dans la cavité abdominale ; un coup de tampon asséchа facilement les viscères sous-jacents, et en me baissant j'aperçus sous les fausses côtes le lobe gauche du foie, qui saignait par sa face convexe.

J'explorai cette face avec l'extrémité de l'index, et bientôt je rencontrai une plaie franche, nette, de 18 à 20 millimètres de longueur, répondant bien par sa forme et sa direction à celle de la peau. Le doigt y pénétrait à une profondeur égale ; on se rendait aisément compte que la plaie était en entonnoir, reproduisant ainsi la forme de la lame, qui avait pénétré profondément.

Pendant ces manœuvres d'exploration et de compression locales, l'hémorragie s'arrêtait et on ne voyait plus sourdre de sang nulle part. Je substituai alors à mon doigt une mèche de gaze iodoformée qui, conduite avec des pinces longuettes, devait, par son tassement dans la perforation du foie, faire l'office d'un tampon hémostatique.

Un inventaire minutieux des viscères voisins ne révéla aucune particularité pathologique. L'épiploon, la partie accessible de l'estomac, l'intestin, la vésicule biliaire, etc., furent rapidement examinés ; ils étaient indemnes, comme je l'avais du reste supposé, *à priori*, en ne voyant ni gaz ni liquides biliaires ou intestinaux s'échapper par la plaie. Enfin, le doigt engagé sous la face inférieure du foie ne m'avait donné aucune indication appréciable. Dès le premier coup de bistouri, sous l'influence de la douleur, le président sortit du collapsus profond dans lequel il se trouvait ; il se plaignit de souffrir au niveau de la plaie, et prononça quelques paroles : « Oh ! docteur, que vous me faites mal ! » dit-il, à diverses reprises, d'une voix très intelligible, non éteinte. A un moment donné il ajouta même : « Faites attention, j'ai une typhlite. » En même temps le pouls se relevait, il battait 140, et quoique l'état général restât sensiblement le même, nous eûmes comme une lueur d'espoir.

Jusque-là, j'avais été assisté, dans cette intervention, de MM. les professeurs Gailleton, Lépine ; de MM. les médecins militaires Kelsch, Albert, Viry, Demandre ; de MM. les docteurs Rebatel, Masson, etc.

Sur ces entrefaites arrivèrent MM. les professeurs Ollier, Monoyer ; MM. les docteurs Gangolphe, Fabre, etc. Leur concours me fut particulièrement utile.

Nous examinâmes de nouveau avec M. Ollier le fond de la plaie opératoire. Mon éminent collègue, dont la haute autorité m'était si précieuse, constata la blessure du foie, la nécessité d'un tamponnement hémostatique et, d'un commun accord, pour n'avoir aucun doute sur la conduite définitive à tenir, je débridai en dedans vers la ligne médiane, sur une longueur de 5 à 6 centimètres. Les bords de la plaie réclinés en dehors par des pinces hémostatiques appliquées sur eux et servant de tracteurs, nous pratiquâmes une nouvelle exploration, et la mèche de gaze iodoformée, préalablement introduite et souillée par un écoulement sanguin qui, en apparence tout au moins, n'avait rien d'inquiétant, fut, pour plus de sûreté, enlevée et remplacée par une autre, enfoncée aussi méthodiquement que possible dans la perforation hépatique.

L'indication chirurgicale était remplie. Fallait-il faire plus ? Devait-on recourir à la suture du foie ? Nous ne l'avons pas pensé, et cela pour plusieurs raisons : en premier lieu, l'état si grave de choc traumatique dans lequel se trouvait le président contre-indiquait toute opération de longue durée, et surtout toute opération préliminaire qui, dans l'espèce, eût été nécessaire pour arriver directement sur la blessure du foie et en pratiquer l'occlusion hémostatique. A en juger, en effet, par la situation de la blessure de cet organe, placée à 2 ou 3 centimètres environ au-dessus du rebord des côtes voisines, ce qui, *à priori*, nous avait fait supposer que la blessure avait été produite dans un mouvement d'inspiration, il eût fallu pour exécuter cette suture et pour pouvoir compter sur ce genre d'hémostase, se donner du jour en pratiquant une résection costale. Le foie, d'autre part, quoique *parfaitement sain*, était de petit volume, soit qu'il fût ainsi normalement, soit qu'il eût perdu de ses dimensions par le fait d'une déplétion sanguine rapide, d'une saignée ayant entraîné son exsanguification.

Il nous a donc paru plus prudent, plus utile de recourir à un tamponnement antiseptique, et une considération, entre toutes, nous a engagés, M. Ollier et moi, à persister dans cette manière de faire : c'est, à partir du tamponnement, l'arrêt de l'hémorragie par la blessure du foie ainsi traitée. La plaie fut, bien entendu, pansée à plat, avec une première couche de gaze légèrement iodoformée et des couches nombreuses de gaze stérilisée, chiffonnée, placées au-dessus. Pendant longtemps, je maintins avec le plat de la main, exerçant une légère compression, les pièces de pansement.

Nous nous préoccupions du retour d'une hémorragie, et ce mode de fixation du pansement fut prolongé par la main d'un de mes collègues.

Vers les onze heures et demie, en enlevant quelques couches superficielles de gaze, nous trouvâmes les couches profondes imprégnées de sang. Quelques-unes d'entre elles furent enlevées, mais il nous sembla qu'il s'agissait plutôt d'une imbibition par du sang resté dans la cavité abdominale que par la continuation de l'hémorragie. Du reste, à partir du moment où l'opération avait été commencée et l'hémostase assurée, M. Carnot, comme nous l'avons dit, était sorti du collapsus profond où il se trouvait jusqu'alors. Il répondait nettement, avec une parfaite lucidité, aux questions qu'on lui posait. De temps à autre, il prenait un fragment de glace, une cuillerée de champagne glacé. Entre onze heures et minuit, on fit à un intervalle de vingt et trente minutes deux injections sous-cutanées d'un gramme d'éther.

Vers minuit, le président paraissait souffrir davantage, on eut recours, à un intervalle à peu près égal, à une double injection sous-cutanée de chlorhydrate de morphine (un demi-centigramme par injection), mais la situation n'en restait pas moins extrêmement grave. La face immobile, était d'une pâleur livide, cadavéreuse; le pouls qui de temps à autre semblait être meilleur, devenait de plus en plus petit, les extrémités étaient froides et la mort approchait. Avec un calme et une résignation vraiment héroïque, le président de la République s'affaissait lentement sans un mot de regret, de récrimination. A aucun moment il ne fit allusion à l'attentat dont il avait été victime.

Plusieurs fois seulement, lorsqu'on appelait l'attention sur ses souffrances, il se plaignit de douleurs dans la région épigastrique, au niveau de la plaie, dans les lombes. Comme il mandait le colonel Chamoin, je lui fis observer qu'il était là et que tous ses amis se trouvaient auprès de lui. « Je suis très touché, répondit-il, d'une voix encore forte, de leur présence, et je vous remercie de ce que vous faites pour moi. »

Quelques instants après, à minuit et demi, les phénomènes agoniques se précipitaient. A aucun moment il n'y eut de nausées, de vomissements, et quoique le président eût accusé à deux ou trois reprises une certaine gêne de la respiration, celle-ci resta calme jusqu'à la fin qui nous fut annoncée par quelques soubresauts convulsifs se produisant surtout du côté du diaphragme et des muscles de la paroi abdominale, de telle sorte que si la plaie n'eût été fermée par le pansement maintenu par une compression manuelle énergique, l'intestin aurait fait hernie au dehors. A ce moment aussi du sang noir s'écoula en assez grande quantité, confirmant nos prévisions d'une hémorragie interne, alors que le sang, immédiatement après l'attentat et durant les longues minutes passées dans la voiture dans une position demi-assise avait dû se collecter surtout dans l'excavation pelvienne et dans les fosses iliaques.

L'autopsie du chef de l'Etat a été pratiquée, le 25 juin, à deux heures de l'après-midi, sur les instances pressantes de M. Gailleton auprès des pouvoirs publics et sur la demande réitérée de M. Ollier.

Voici le procès-verbal de cette autopsie, à laquelle assista le docteur Planchon, médecin ordinaire du président, arrivé le matin même avec Mme Carnot :

« Les docteurs en médecine soussignés ont procédé aujourd'hui à l'autopsie du président de la République française. Ils ont constaté les lésions suivantes :

La blessure siégeait immédiatement au-dessous des fosses côtes droites, à 3 centimètres de l'appendice xiphoïde. Elle mesurait de 20 à 25 millimètres et la lame en pénétrant avait sectionné complètement le cartilage costal correspondant.

La lame du poignard a pénétré dans le lobe gauche du foie, à 5 ou 6 millimètres du ligament suspenseur. Elle a perforé l'organe de gauche à droite et de haut en bas, blessant sur son passage la veine porte, qu'elle a ouverte en deux endroits.

Le trajet de la blessure dans l'intérieur du foie est de 11 à 12 centimètres. Une hémorragie intra-péritonéale fatalement mortelle a été le fait de cette double perforation veineuse.

Lyon, le 25 juin 1894.

Signé : Drs Lacassagne, Henry Coutagne, Poncet, Ollier, Lépine, Rebatel, Michel Gangolphe, Fabre. »

Un dernier mot. La blessure de la veine porte, alors surtout que la laparotomie ne pouvait être pratiquée immédiatement après la perforation de ce tronc veineux, devait nécessairement entraîner un dénoûment fatal. Mais nous sommes convaincu que, si le président de la République a survécu trois heures à cette blessure mortelle, il doit cette survie à l'intervention. Sans avoir pu, en effet diagnostiquer les lésions de la veine porte, il n'est pas douteux qu'indirectement nous avons agi sur sa déchirure et créé une oblitération momentanée, incomplète, non pas bien entendu, par le tamponnement, relativement superficiel de la plaie appartenant à la face convexe du lobe gauche du foie, mais par l'occlusion passagère du vaisseau blessé, lorsque le pansement terminé, une main était en permanence maintenue sur lui. La face postérieure du foie était ainsi refoulée, plus ou moins comprimée sur les viscères voisins, et l'on sait que dans une plaie veineuse la plus légère compression suffit pour affaisser les parois de la veine et arrêter ainsi l'hémorragie.

Chez le président de la République française les déchirures qui siégeaient sur la veine porte ne donnaient plus dès lors issue qu'à une faible quantité de sang, et c'est ainsi, pensons-nous, que doit s'expliquer ce retour à la vie pendant près de trois heures à la suite de l'opération.

Dr Antonin Poncet

Professeur de clinique chirurgicale à la Faculté de médecine de Lyon

---

RAPPORT MÉDICO-LÉGAL

FAIT IMMÉDIATEMENT APRÈS L'ATTENTAT

Je soussigné, Jean-Paul-Henry Coutagne, médecin expert devant les tribunaux de Lyon, sur la réquisition de M. Benoist, juge d'instruction, en date du 24 juin 1894, certifie m'être rendu le même jour à 10 heures 1/2 du soir, serment préalablement prêté à la Préfecture du Rhône pour examiner M. Sadi Carnot, président de la République, qui venait d'être blessé, et avoir constaté ce qui suit :

I. — M. Carnot est couché et présente un état général des plus inquiétants; le pouls, petit et dépressible, est à 140 pulsations, la respiration est pénible.

II. — Il est atteint d'une blessure dont l'examen ne pourrait se faire au moment de notre visite sans aggraver l'état du malade. Des renseignements fournis par MM. les professeurs Ollier et Poncet, il résulte que cette blessure, longue de 20 à 22 millimètres, a tous les caractères d'une blessure faite par un instrument tranchant tel qu'un poignard. Elle est située à l'épigastre, à un travers de doigt en dedans du rebord des fausses côtes droites et à trois travers de doigt au-dessous de l'appendice xiphoïde ; sa direction est oblique de haut en bas et de dedans en dehors. Elle a intéressé la peau, le muscle droit de l'abdomen sous-jacent et le lobe gauche du foie dont elle a ouvert des vaisseaux importants; on ne peut évaluer sa profondeur à moins de cinq centimètres. La plaie du foie se trouve au moment de l'intervention chirurgicale au-dessous des fausses côtes et par conséquent sur un plan transversal sensiblement supérieur à celui de la plaie superficielle.

III. — Il résulte de ces constatations que M. Carnot a été frappé au moment d'une inspiration, d'un coup de poignard porté de haut en bas et de dedans en dehors, coup qui a occasionné une plaie pénétrante de l'abdomen, avec blessure du foie et hémorragie interne compliquée de shock.

IV. — L'examen de *Caserio* (*Santo-Hieronimo*), fait par nous au bureau de police de la rue Molière, pendant l'interrogatoire de l'inculpé par M. le juge d'instruction, ne nous a permis de constater comme particularités intéressantes à relater ici, que le calme mental de cet homme et l'absence de toute excitation de nature alcoolique ou autre.

V. — L'arme avec laquelle il avoue avoir frappé M. Carnot est un poignard dont le manche a 86 millimètres et la lame 164. Cette dernière figure un triangle isocèle très allongé qui a 20 millimètres de largeur à 6 centimètres de la pointe, et 25 millimètres à la base; chacune de ses faces est garnie de damasquinures grossières et surmontée d'une légère arête; toutes deux sont maculées de sang. Celle qui porte le mot *Recuerdo* présente une tache à peu près continue occupant

8 centimètres à partir de la pointe et s'étendant même sur 4 centimètres plus loin du côté où se trouve gravé le mot en question. La face opposée de la lame, qui porte le mot *Toledo*, présente des taches sanguines moins limitées dont l'une remonte presque jusqu'à la garde. La pointe du poignard est brisée, ce qui peut s'expliquer par la chute de l'arme sur le pavé après l'attentat.

Lyon le 25 juin 1894.

Signé : Henry Coutagne

RAPPORT MÉDICO-LÉGAL
SUR L'AUTOPSIE
ET LES CAUSES DE LA MORT DE M. CARNOT

Nous soussignés, en vertu de l'ordonnance de commise ainsi conçue :

Nous, A. Benoist, juge d'instruction au tribunal de Lyon, assisté par M. Laval, notre commis greffier.

Vu l'information ouverte contre le nommé Caserio Santo, inculpé d'assassinat sur la personne de M. Carnot, président de la République française.

Prévenus aujourd'hui, 25 juin 1894, à midi, par M. le Préfet du Rhône et par M. le Procureur général que l'autorisation de procéder sur le champ à l'autopsie vient d'être accordée sur la demande de MM. les Drs Ollier et Gailleton, lesquels se sont chargés de convoquer d'urgence tous les autres hommes de l'art dont la présence et le concours leur ont paru nécessaires.

Attendu que nous étant rendu le même jour à deux heures du soir à la Préfecture, nous trouvons réunis autour du corps de M. Carnot :

M. le Dr Ollier, professeur de clinique chirurgicale à la Faculté de médecine, correspondant de l'Institut ;

M. le Dr Gailleton, professeur à la Faculté de médecine, maire de Lyon;

M. le Dr A. Lacassagne, professeur de médecine légale à la Faculté, médecin-expert des tribunaux.

M. le Dr Henry Coutagne, médecin-expert devant les tribunaux, déjà requis verbalement par nous à ces fins;

M. le Dr Lépine, professeur de clinique médicale à la Faculté de médecine, correspondant de l'Institut;

M. le Dr Poncet, professeur de clinique chirurgicale à la Faculté de médecine;

M. le Dr Michel Gangolphe, agrégé à la Faculté de médecine, chirurgien-major de l'Hôtel-Dieu;

M. le Dr Rebatel, médecin assermenté près la Préfecture;

M. le Dr Fabre, aide de clinique à la Faculté.

Commettons tous les docteurs, médecins, experts et professeurs qui viennent d'être énumérés.

A l'effet

De procéder, dans la mesure strictement nécessaire, à l'autopsie du corps de M. Carnot.

De décrire la blessure qui a été faite et les lésions qu'elle a produites;

D'examiner le poignard dont Caserio déclare s'être servi et de dire si la forme de cet instrument correspond aux lésions constatées;

De rechercher les causes de la mort et de dire si elle devait résulter nécessairement de la blessure;

De dire, eu égard au siège de la blessure, à la forme de l'arme, à la position du blessé, de quelle manière et dans quelles conditions le coup a été porté;

De procéder à toutes les autres constatations utiles à la manifestation de la vérité.

Les dits experts, après avoir pris connaissance de la dite

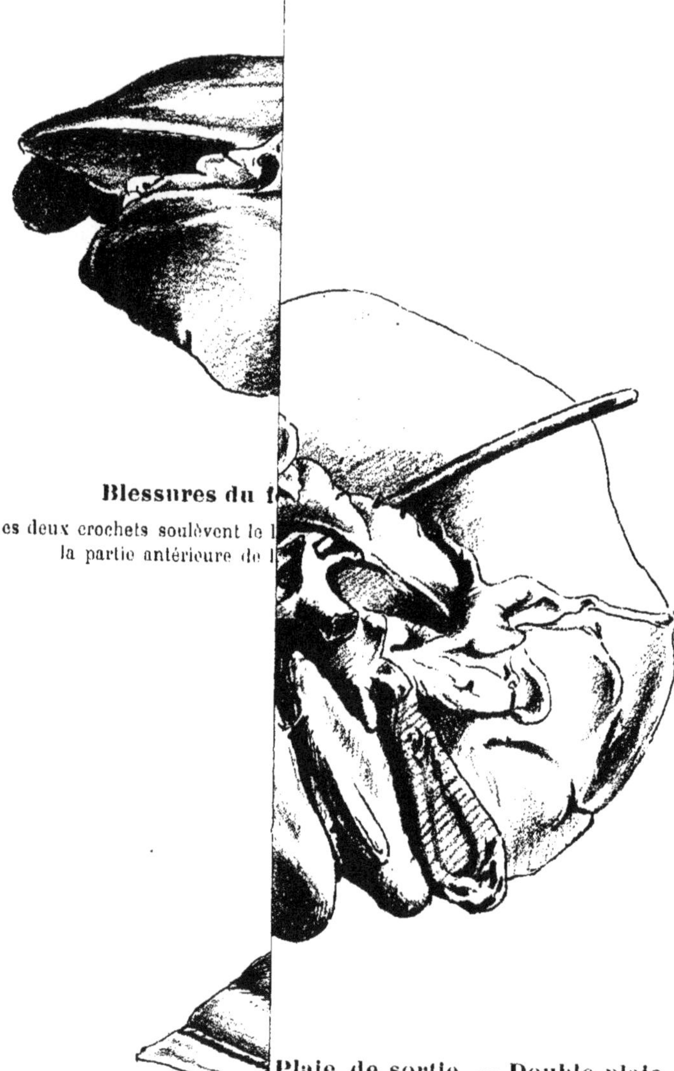

Blessures du f

Les deux crochets soulèvent le l
la partie antérieure de l

Plaie de sortie. -- Double plaie
a veine porte

poignard, de gauche à droite. L'encoche
de la plaie et à gauche de la sonde *(la*
), avait une longueur de huit millimètres.

Cart

Blessure d

Imp. lith. Storck Lyon

dessins faits sur nature par le Dr Mondan

M. le Dr Gailleton, professeur à la Faculté de médecine, maire de Lyon;

M. le Dr A. Lacassagne, professeur de médecine légale à la Faculté, médecin-expert des tribunaux.

M. le Dr Henry Coutagne, médecin-expert devant les tribunaux, déjà requis verbalement par nous à ces fins;

M. le Dr Lépine, professeur de clinique médicale à la Faculté de médecine, correspondant de l'Institut;

M. le Dr Poncet, professeur de clinique chirurgicale à la Faculté de médecine;

M. le Dr Michel Gangolphe, agrégé à la Faculté de médecine, chirurgien-major de l'Hôtel-Dieu;

M. le Dr Rebatel, médecin assermenté près la Préfecture;

M. le Dr Fabre, aide de clinique à la Faculté.

Commettons tous les docteurs, médecins, experts et professeurs qui viennent d'être énumérés.

A l'effet

De procéder, dans la mesure strictement nécessaire, à l'autopsie du corps de M. Carnot.

De décrire la blessure qui a été faite et les lésions qu'elle a produites;

D'examiner le poignard dont Caserio déclare s'être servi et de dire si la forme de cet instrument correspond aux lésions constatées;

De rechercher les causes de la mort et de dire si elle devait résulter nécessairement de la blessure;

De dire, eu égard au siège de la blessure, à la forme de l'arme, à la position du blessé, de quelle manière et dans quelles conditions le coup a été porté;

De procéder à toutes les autres constatations utiles à la manifestation de la vérité.

Les dits experts, après avoir pris connaissance de la dite

ASSASSINAT DU PRÉSIDENT CARNOT

Blessures du foie et de la veine porte

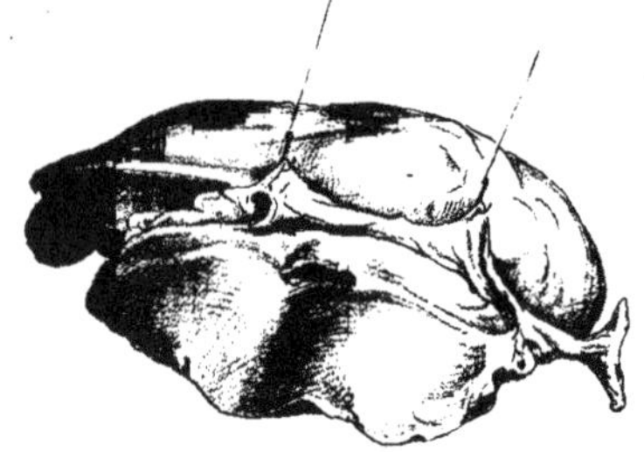

Blessures du foie. — Plaie d'entrée

Les deux crochets soulèvent le ligament suspenseur. L'encoche située à la partie antérieure de la plaie avait quatre millimètres.

Cartilage costal

Blessure de la septième côte.

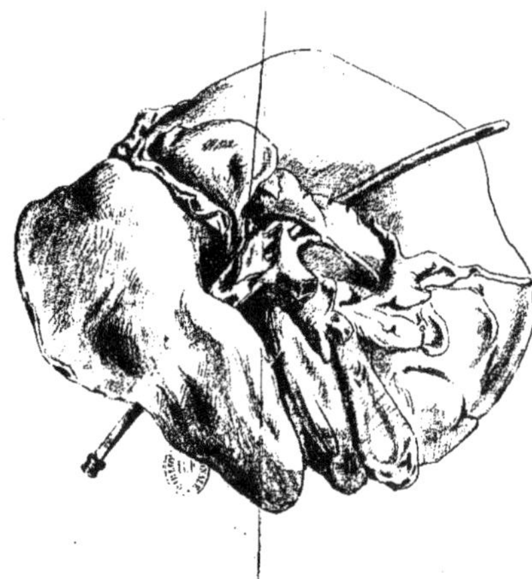

Blessures du foie. — Plaie de sortie. — Double plaie de la veine porte

La sonde indique le trajet du poignard, de gauche à droite. L'encoche située à la partie postérieure de la plaie et à gauche de la sonde *(la seule qui doive être marquée)*, avait une longueur de huit millimètres.

Imp. lith. Storck Lyon

D'après les dessins faits sur nature par le Dr Mondan

ordonnance, ont déclaré accepter la mission qui leur a été confiée, ont prêté entre nos mains le serment de faire leur rapport et de donner leur avis en leur honneur et conscience.

En foi de quoi, ils ont signé avec nous et notre greffier après lecture.

Suivent les signatures.

Nous sommes rendus le 25 juin 1894 à deux heures du soir à l'hôtel de la Préfecture du département du Rhône pour pratiquer l'autopsie de M. Sadi Carnot, président de la République française, décédé le 25 juin 1894, à minuit trente-huit, et serment préalablement prêté entre les mains du juge d'instruction, nous avons constaté ce qui suit :

Nous avons été introduits dans la chambre où M. Carnot était décédé la nuit précédente et nous nous sommes mis en devoir de procéder à une autopsie limitée, suivant les vœux formellement exprimés par la famille et suivant les termes de la réquisition du juge d'instruction, à la région dont l'exploration était indispensable pour notre expertise, c'est-à-dire à l'hypocondre droit et à la région avoisinante de l'abdomen.

L'autopsie a été faite en présence de :

M. Benoist, juge d'instruction ;

MM. les officiers de la maison militaire du Président, le général Borius, le colonel Chamoin, le lieutenant-colonel Dalstein ;

M. Tranchau, secrétaire général de la présidence ;

M. Planchon, médecin de la famille du défunt.

Nous allons reproduire :

1° Les constatations faites pendant l'autopsie et pendant un second examen du foie;

2° La description du poignard;

3° La description de la victime et des conditions dans lesquelles l'attentat a été commis.

4° Nous répondrons aux questions posées par le juge d'instruction dans son réquisitoire.

La rigidité cadavérique est complète, la surface cutanée présente une grande pâleur ; les yeux sont clos, les pupilles sont dilatées, mais la droite plus que la gauche.

L'abdomen est entouré par un bandage de corps, souillé par une certaine quantité de sang qui s'est écoulée après le décès.

La région épigastrique latérale droite est sillonnée par deux incisions perpendiculaires l'une à l'autre. Ces plaies opératoires faites pendant la vie dans un but thérapeutique ne permettent plus de préciser les dimensions et la situation de la plaie cutanée, qui a fait l'objet d'un premier rapport de l'un de nous (rapport du Dr Henry Coutagne du 25 juin).

Dans ce rapport, l'expert dit :

« Des renseignements fournis par MM. les professeurs Ollier et Poncet, il résulte que cette blessure, longue de 20 à 22 millimètres, a tous les caractères d'une blessure faite par un instrument tranchant tel qu'un poignard ; elle est située à l'épigastre, à 3 centimètres environ en dehors de l'appendice xiphoïde et au niveau du cartilage de la septième côte. Sa direction est oblique de haut en bas et de dedans en dehors. »

On agrandit les incisions de manière à découvrir les organes sous-jacents et on note les lésions suivantes :

Le cartilage propre de la septième côte présente une section complète et nette, siégeant à 4 centimètres de l'insertion sternale de la côte et à 3 centimètres de la ligne médiane. Cette section est verticale dans sa direction générale, mais un peu obliquement dirigée de dedans en dehors et de haut en bas. Elle a la disposition d'une ligne brisée à deux directions faisant entre elles un angle de 160° ouvert en dehors. La section du cartilage a 22 millimètres et intéresse légèrement l'espace intercostal situé au-dessus.

A travers la paroi thoracique, le trajet du couteau perfore les insertions du diaphragme, mais le sinus costo-diaphragmatique de la plèvre est indemne. Au-dessous du feuillet pleural, on trouve une infiltration sanguine dans les mailles du tissu cellulaire.

Entre les anses intestinales et dans le petit bassin, on recueille des caillots et du sang noir liquide. La quantité totale peut être évaluée à 1.200 grammes.

On enlève le foie et l'on reconnaît alors qu'il est traversé de part en part, la plaie d'entrée se trouve sur le lobe gauche près du ligament suspenseur : elle a 26 millimètres dans son plus grand diamètre.

Un corps mousse introduit dans cette ouverture ressort à la face inférieure du foie dans la dépression rénale du lobe droit.

La plaie de sortie est presque aussi grande que celle d'entrée, elle a 24 millimètres.

Le poignard a traversé le lobe gauche du foie, a pénétré dans la bifurcation droite du sinus de la veine porte dont il a perforé la paroi inférieure. On ouvre aux ciseaux le sinus de la veine porte, après avoir débarrassé le vaisseau du tissu cellulaire qui l'entoure ; on y trouve des caillots mous, diffluents. On aperçoit alors l'ouverture de la paroi supérieure de la branche droite de la veine porte.

Le foie est sain ; il paraît petit, ce qui est dû à l'état exsangue des organes : son diamètre transversal est de 35 centimètres, son diamètre antéro-postérieur de 22.

Le tissu hépatique n'est le siège d'aucune altération pathologique macroscopique ; sa consistance est normale. A la coupe, les acinis sont nets, ils ne présentent de dégénérescence d'aucune espèce.

La vésicule est normale, elle ne contient pas de calculs ; elle renferme 2 à 3 grammes de bile, ce qui est dû, sans doute, à l'état de digestion du blessé.

L'estomac, de volume normal, n'a pas été atteint par le poignard. L'intestin grêle n'offre rien de particulier. Le cœcum est normal, il contient des matières de consistance ordinaire. L'appendice vermiculaire est un peu épaissi, sa surface péritonéale est sensiblement vascularisée.

Rien du côté du colon, du gros intestin et du rein droit.

Les constatations macroscopiques terminées, la plaie a été suturée aussi exactement que possible et le corps placé sur le lit de parade, nous nous sommes retirés.

Pressés par les circonstances, les experts n'ayant pas eu le temps de faire les constatations complètes pour déterminer les particularités de la blessure, ont décidé que le foie, qui paraissait devoir se putréfier très rapidement, serait placé dans l'alcool pour un examen ultérieur. Cette immersion dans l'alcool explique la diminution du poids de l'organe, qui a été pesé après un séjour de quinze heures dans ce liquide : il pèse 1.498 grammes.

La plaie d'entrée est oblique par rapport au ligament suspenseur dont elle est distante en avant de 17 millimètres, en arrière de 7 millimètres : à la partie antérieure de cette plaie se trouve une encoche de 4 millimètres.

La plaie de sortie est largement béante, triangulaire, le petit côté du triangle est postérieur, sa longueur est de 8 millimètres.

En examinant la face inférieure du foie, on aperçoit une plaie de la branche droite de la veine porte au moment où elle s'enfonce dans le tissu hépatique : cette plaie, cachée en partie par le rebord saillant du foie, intéresse le tissu hépatique en même temps que la veine ; cette plaie a 16 millimètres comme dimension maxima. Par l'ouverture pratiquée sur la paroi inférieure du sinus de la veine porte on aperçoit sur la paroi supérieure de ce vaisseau un orifice presque parallèle au sillon transverse dont la longueur est de 15 millimètres quand on tend légèrement les lèvres de la plaie.

Un corps mousse introduit par l'orifice d'entrée sort à la face inférieure du foie en pénétrant dans la branche droite de la veine porte.

Le poignard a donc traversé le lobe gauche du foie, a suivi la paroi supérieure et la veine porte pour entrer dans la branche droite, a traversé la paroi inférieure de ce vaisseau au moment où il s'enfonce dans le lobe droit ; l'arme a pénétré de nouveau dans le tissu du foie, d'où elle est sortie à 3 centimètres de l'extrémité droite du sillon transverse et à 6 centimètres du bord droit du foie dans le prolongement du sillon transverse.

La longueur du trajet intra-hépatique est de 114 millimètres.

Le foie, ouvert par sa partie supérieure jusqu'au trajet du couteau, montre que plusieurs ramifications de la branche gauche de la veine porte ont été sectionnées franchement et presque perpendiculairement à leur direction au niveau de leur origine.

Les vêtements que portait le Président au moment de l'attentat ont été examinés :

1° L'habit est à revers et sur le côté droit on distingue des incisions identiques de 37 m/m de longueur à bords nets, qui traversent le revers.

2° Sur le revers droit du gilet, incision franche et nette de 3 centimètres.

3° La flanelle présente une incision semblable.

4° La chemise est en fragments et on ne peut retrouver l'ouverture faite par le poignard.

Le poignard avec lequel Caserio avoue avoir frappé a été examiné dans le rapport déjà signalé de l'un de nous. Nous empruntons à ce rapport les détails suivants :

« C'est un poignard dont le manche a 86 millimètres et la lame 164 millimètres : cette dernière figure un triangle isocèle très allongé, qui a 16 millimètres de largeur à 6 centimètres de la pointe et 25 centimètres sur sa partie la plus large ; chacune des faces, garnie de damasquinures grossières, est surmontée d'une légère arête.

« La pointe du poignard est brisée, ce qui peut s'expliquer par la chute de l'arme sur le pavé après l'attentat. »

La lame est damasquinée à l'acide sans dorure ; sur une des faces est gravé le mot *Toledo*, sur l'autre face le mot *Recuerdo*.

La voiture dans laquelle se trouvait M. Carnot au moment de l'attentat est une calèche huit-ressorts à caisse en forme de nacelle ; pour permettre la fermeture de la portière, le marchepied doit être replié à l'intérieur en portefeuille. Cette voiture était occupée par quatre personnes et sur un siège placé en arrière se trouvaient deux laquais.

A vide, le bord supérieur de la portière est à 126 centimètres du sol ; sous le poids de six personnes, la caisse s'abaisse environ de 6 centimètres, au moment de l'attentat le bord de la portière était à environ 1m20 du sol. L'épigastre du président était à environ 1m40 du sol : la tête du meurtrier était à la hauteur de celle de la victime.

L'assassin est de taille élevée, il a 1m71, il est droitier : placé à la droite de la voiture, il a dû poser la main gauche sur l'accotoir, il a frappé avec une grande force sans quitter le sol. La pointe du poignard a atteint le Président à droite de la ligne médiane sur le revers droit de l'habit; la lame était dirigée presque transversalement de gauche à droite.

Il résulte des constatations relatées ci-dessus que la mort a été causée par une plaie pénétrante de l'abdomen, entamant non seulement le tissu hépatique, mais encore la veine porte : ce vaisseau, perforé au niveau de sa branche droite et ayant ses branches de ramification gauches sectionnées dans le foie a laissé s'écouler une quantité d'autant plus considérable de sang que le blessé était en état de digestion.

La constatation de ces lésions démontre que toute intervention chirurgicale devait être fatalement impuissante.

Le coup a été porté avec l'arme saisie et reconnue par Caserio ; l'arme, maniée avec une grande force et une grande assurance, a pénétré jusqu'à la garde.

CONCLUSIONS

D'après les termes du réquisitoire, nous concluons :

1° Nous avons procédé à une autopsie partielle du corps de M. Carnot ; les constatations faites ont été cependant suffisantes pour nous permettre de nous prononcer complètement sur la cause de la mort.

2° La blessure qui siégait à l'épigastre a atteint le foie et la veine porte.

3° Le poignard qui nous a été présenté et dont Caserio déclare s'être servi a des dimensions qui correspondent aux lésions constatées.

4° La mort doit être attribuée à la lésion du foie et à l'hémorragie qui en a été la suite.

5° Le Président, assis dans la calèche, a été atteint d'un coup de poignard dirigé de gauche à droite. La lame a pénétré jusqu'à la garde. Le trajet dans le foie a été de 114 millimètres.

Ont signé :

Drs Gailleton, Lacassagne, Henry Coutagne, Ollier, Poncet, Lépine, Rebatel, Michel Gangolphe, Jean Fabre.

CASERIO DEVANT LA COUR D'ASSISES DU RHONE

C'est le 2 août que Caserio a comparu devant la Cour d'assises du Rhône.

Dès 7 h. 1/2 du matin un bataillon du 98e d'infanterie assurait l'ordre autour du Palais de justice. Dans la salle des pas-perdus est une demi-section du 98e.

Les gardiens de la paix placés sous le commandement des commandants Jagot-Lachaume, Delattre et Zerbini, les gendarmes sous les ordres du commandant de Lormel surveillent les abords et l'intérieur du Palais. MM. Rostaing, secrétaire général; Roullet, procureur de la République; Meyer, chef de division; Lassaigne, commissaire de police, dirigent le service d'ordre. La consigne est très sévère. Seuls les généraux, intendants militaires et officiers supérieurs en tenue peuvent passer sans carte. Les jurés, les témoins, les journalistes, les magistrats, avoués, avocats, huissiers, doivent montrer une carte portant la signature de M. le président Breuillac et le sceau des assises. Dès 8 heures, jurés, témoins, les personnes pourvues de l'indispensable carte : magistrats, fonctionnaires, journalistes, avocats en robe, etc., emplissent la salle des pas-perdus d'un bruyant va-et-vient.

A 9 heures moins le quart, la salle des assises est ouverte aux jurés, aux témoins, aux avocats, aux journalistes, aux facteurs télégraphistes qui se tiennent à la disposition des journalistes. Au dernier moment arrive l'abbé Grassi, curé de Motta-Visconti, pays d'origine de Caserio. A 9 heures moins deux minutes, M. le président Breuillac prend les dernières mesures d'ordre avec l'huissier audencier, M. Odet. M. le greffier en chef Widor, assisté de M. Mathieu, procède à un premier appel des jurés.

Dès lors chacun est à sa place. La physionomie de la salle est curieuse : les cinq grandes tables réservées à la presse lyonnaise, parisienne et étrangère sont occupées par 60 représentants des grands journaux de France, d'Italie, d'Espagne, d'Autriche et d'Angleterre.

L'audience est ouverte à 9 heures 10 minutes. M. Breuillac, conseiller à la Cour de Lyon, préside, assisté de MM. les conseillers Ducrot et Davenière. M. Fochier, procureur général, occupe le siège du ministère public. A sa gauche s'asseoit M. Ch. Admand de Jenneval, professeur d'italien à l'Ecole supérieure de commerce, c'est l'interprète de Caserio. Me Dubreuil, bâtonnier de l'ordre, est au banc de la défense.

Vu la longueur présumée des débats, la Cour décide qu'un conseiller supplémentaire sera adjoint à la Cour (M. le conseiller Devienne est désigné) et que deux membres supplémentaires seront adjoints au jury.

Sur l'ordre du président, Caserio est introduit. Les photographies données de Caserio, même celles de Garcin, les croquis pris pendant les séances par les dessinateurs des grands journaux illustrés de Paris, ne sont pas d'une exactitude absolue. Ils rendent quelquefois les traits, mais non toute la physionomie de Caserio. Caserio est de haute taille (1m70). Le corps, malgré la délicatesse quasi féminime de la peau du visage, est robuste ;

Caserio

les épaules sont larges, le thorax est développé, la main forte. Il est vêtu d'un veston gris marron, une cravate régate bleu pâle, rayant verticalement sa chemise blanche froissée. Il est coiffée d'une casquette molle de la même couleur que le veston, mais d'un ton plus clair. On peut dire qu'il y a dans l'accusé quelque chose, extérieurement, d'un garçon boulanger du midi. Il n'a nullement l'air bestial. On se demande comment Lombroso a bien pu relever sur une photographie de Caserio, comme type criminel, le développement des mâchoires, le défaut de barbe et des oreilles de dimensions anormales. Dans sa physionomie qui est plutôt douce, dans ses petits yeux bleus très mobiles, sur ses lèvres assez proéminentes, impossible de trouver les stigmates du « type criminel ». Pour qui observe attentivement Caserio, c'est un « pâle voyou » ce n'est pas un sinistre gredin, comme Ravachol, un révolutionnaire comme Vaillant, un jeune dévoyé prétentieux comme Emile Henry. A ce moment de l'audience, toute la véhémence de nature de ce primitif semble contenue par la volonté. M. le président Breuillac prévient Caserio qu'il a un interprète pour traduire ses paroles et celles des témoins, des jurés.

« Comprenenez-vous, Caserio », demande-t-il.

— Je *compran*, » répond l'assassin.

Quand il répond oui ou non, c'est toujours avec douceur. Caserio semble agir, pour ainsi dire, au dedans de lui-même.

Pendant la constitution du jury, pendant l'appel des témoins, Caserio reste debout, dans l'attitude d'un écolier studieux.

M. Odet, huissier à la Cour, fait l'appel des témoins cités par le procureur général. Sont cités :

MM. Cousin (Hippolyte), commissaire de police à Lyon ;
Brun (Germain), gardien de la paix à Lyon ;
Bardin (Claude-Marie), gardien de la paix à Lyon ;

Jehlé (François-Xavier), gardien de la paix à Lyon ;
Colombani (Joseph), gardien de la paix à Lyon ;
Voisin (Nicolas-Joseph), gouverneur militaire de Lyon ;
Gailleton (Antoine), maire de Lyon.
Borius (Léon-Charles), général de division à Paris ;
Nœttinger (Charles), capitaine au 7e cuirassiers à Lyon ;
Delpech (Paul), lieutenant au 7e cuirassiers à Lyon ;
Flotti (Emile), valet de pied à Paris ;
Rivaud (Georges), préfet du Rhône à Lyon ;
Coste-Labaume (Jules), conseiller municipal à Lyon ;
Domergue (Jean-Baptiste), cordonnier à Lyon ;
Bouthiat (François), coiffeur à Lyon ;
Granger (Marie), domestique à Lyon ;
Bertillier (Emilie), domestique à Lyon ;
Leynaud (Ferdinand-Louis), gérant du Cercle du Commerce à Lyon ;
Dr Ollier, professeur à la Faculté de médecine à Lyon ;
Dr Poncet, professeur à la Faculté de médecine à Lyon ;
Coutagne (Henry), médecin expert à Lyon ;
Dr Lacassagne, professeur à la Faculté à Lyon ;
Vaux (Guillaume), coutelier à Cette ;
Viala (Auguste), boulanger à Cette ;
Albigos (Emilie), femme Viala, boulangère à Cette ;
Leblanc (Edouard), portefaix, détenu à Lyon ;
Crociocha, commissaire central à Cette ;
Boy, commissaire central à Vienne (Isère) ;
Pernel, commissaire spécial, préfecture du Rhône ;
Dubois (Aimé-Constant), inspecteur du service de sûreté à l'Elysée.

M. Widor, greffier en chef, donne lecture de l'arrêt de renvoi de la Chambre des mises en accusation et de l'acte d'accusation.

ACTE D'ACCUSATION

Caserio Santo-Ironimo.

Dans la soirée du 24 juin, au milieu des fêtes données à l'occasion de la visite du président de la République à l'Exposition universelle de Lyon, M. Carnot a été frappé d'un coup de poignard et bientôt après a succombé. L'assassin est le nommé Caserio Santo-Ironimo qui a été arrêté immédiatement après le crime. Le président et son cortège quittaient, un peu après neuf heures du soir, le Palais du Commerce, pour se rendre à une représentation de gala donnée au Grand-Théâtre. Précédée d'un peloton de cuirassiers, la voiture présidentielle où avaient pris place, avec M. Carnot, MM. les généraux Voisin et Borius et M. le docteur Gailleton, maire de Lyon, partie de la place des Cordeliers, venait de s'engager dans la rue de la République, longeant la façade ouest de la Bourse.

Soudain, un individu se détachant de la foule massée sur le trottoir de droite, à deux mètres environ de la voiture, du côté où se trouvait assis M. Carnot, s'avança par une marche un peu oblique et, appuyant la main gauche sur le bord de la voiture, porta la main droite à la poitrine du président, sans que les personnes de l'entourage aient vu autre chose qu'un morceau de papier qui resta un instant comme fixé sur les vêtements.

On crut que l'inconnu, qui n'était autre que Caserio, apportait un bouquet ou un placet, comme il était arrivé dans la journée. Brusquement cet individu se retira et passant devant la tête de l'attelage, derrière le peloton de cuirassiers, gagna l'autre bord de la rue, où il essaya de se frayer un passage à travers les rangs compacts des spectateurs. Mais quelques personnes croyant avoir affaire à un voleur et des gardiens de la paix survenant en nombre l'arrêtèrent et il fut aussitôt soustrait à la fureur du public et entraîné en lieu sûr par la police.

Pendant ce temps la voiture avait avancé de quelques pas encore, lorsqu'on vit M. Carnot, après avoir rejeté d'un geste le morceau de papier resté sur sa poitrine, se renverser sans connaissance. M. le docteur Gailleton, maire de Lyon, qui se trouvait assts en face de lui, et M. le docteur Poncet, presque immédiatement rencontré, s'efforçaient de lui donner les secours urgents pendant qu'on prenait en hâte le chemin de la préfecture.

Transporté sur un lit, M. Carnot reçut aussitôt les soins éclairés et habiles de M. le docteur Ollier, auxquels vinrent se joindre plusieurs membres éminents du corps médical. Une arme pénétrante avait perforé le foie et la veine porte, une hémorragie s'en est suivie qu'aucune intervention ne pouvait arrêter et la mort est survenue environ trois heures après l'attentat.

Un poignard qui fut ramassé au moment même sur la chaussée de la rue de la République avait été l'instrument du crime. Dérobé à la vue de la plupart des témoins par le morceau de papier dont on a parlé et laissé dans la plaie, il avait été arraché et jeté par le blessé lui-même.

Cette arme teinte de sang, représentée à Caserio au poste de police, a été sans hésitation reconnue par lui. C'est aussi sans hésitation, sans trouble, sans émotion, qu'il a, dès la première heure, fait l'aveu de son crime et raconté comment il l'avait médité, préparé et exécuté.

Né le 8 septembre 1873, à Motta-Visconti, en Lombardie, d'une modeste et honnête famille, Caserio a été placé à Milan en 1886; il a été apprenti et garçon boulanger.

Dès l'âge de 18 ans, il s'est fait le disciple des anarchistes et s'est bientôt adonné avec passion à la lecture de journaux et de brochures où est développée la doctrine de la destruction de l'Etat et préconisée la propagande par le fait.

Caserio était promptement devenu un agent de propagande et un intermédiaire pour la correspondance entre anarchistes.

Arrêté préventivement en avril 1892, pour fait de distribution d'écrits anarchistes à des soldats, puis mis en liberté provisoire, il a quitté Milan au printemps de 1893 pour échapper à la fois au service militaire et à un arrêt de la cour d'appel de cette même ville, qui l'a condamné à huit mois de réclusion.

Après un séjour de trois mois à Lugano, Caserio est venu à Lyon, en traversant une partie de la Suisse, où il paraît s'être arrêté quelque peu dans diverses villes, notamment à Lausanne et à Genève. Il est resté à Lyon deux mois environ, trois semaines à Vienne et s'est enfin rendu à Cette vers le 15 octobre. Partout il a été en relations avec des anarchistes étrangers et français, gêné toutefois par son ignorance, qui était complète alors, de la langue française. A Cette, il a été, dès son arrivée, placé comme garçon boulanger chez les mariés Viala, où il n'a cessé de travailler jusqu'au 23 juin, sauf un séjour d'un mois qu'il a fait à l'hôpital en janvier et février.

En relations avec quelques anarchistes avérés, fréquentant avec eux le café du Gard, qui était leur lieu de rendez-vous, Caserio ne semblait pas cependant être à redouter comme homme d'action. Le samedi 23 juin, entre dix et onze heures du matin, Caserio engage sous un prétexte une querelle avec son patron et se fait donner congé sur-le-champ. Aussitôt, muni d'une somme de 20 francs, qui venait de lui être remise pour solde de ses gages, et quelques francs qui lui restaient auparavant, il se rend chez l'armurier Guillaume Vaux, dont il connaissait depuis longtemps la boutique, et y achète, au prix de 5 francs, un poignard revêtu d'une gaîne qu'il place dans la poche intérieure de son veston.

Depuis plusieurs mois, a-t-il affirmé, il avait résolu de faire un coup. Son projet s'était précisé depuis quelques jours : il avait décidé de tuer le président de la République dont il avait appris la visite à Lyon. Après avoir recherché l'anarchiste Saurel, auquel il aurait dit simplement qu'il partait pour Montpellier, abandonnant sa valise et les effets qu'il possédait chez les époux Viala, Caserio quitte Cette, en chemin de fer, à trois heures, par une ligne détournée, arrive à Montpellier, où il passe plusieurs heures ; il y voit le nommé Laborie et sa femme ;

à onze heures du soir, il part pour Tarascon ; à cette station, il monte dans un train express qu'il quitte à Avignon à deux heures du matin ; il repart à quatre heures et arrive à Vienne vers dix heures. Il visite cette ville où il recherche infructueusement divers anarchistes qu'il y a connus l'année précédente et à deux heures il s'achemine à pied vers Lyon.

Il parvient à la nuit au but de son voyage ; avec une clairvoyance singulière, guidé par la foule qui se porte vers le centre de la ville, muni d'ailleurs d'un journal acheté en route, qui donnait le programme des fêtes, Caserio suit la rue de la République, arrive jusqu'aux abords du palais de la Bourse, où le président assistait à un banquet, parvient à prendre place sur le trottoir de droite de la rue, sachant depuis longtemps, dit-il, que dans une voiture le personnage le plus considérable est placé de ce côté ; et il attend dans la foule qui bientôt acclame et salue le président de la République. M. Carnot et les personnes qui sont avec lui sont tout à la joie et à la confiance au milieu de la population enthousiaste.

La voiture va passer devant Caserio ; selon le vœu formel du président, elle est facilement accessible ; le meurtrier s'élance rapidement, tirant de sa poche le poignard encore enveloppé d'un morceau de journal, fait d'une main glisser le fourreau et, sans que personne ait soupçonné son horrible dessein, plonge son arme, longue de plus de 16 centimètres, jusqu'à la garde dans la poitrine de M. Carnot, en poussant le cri de : « Vive la Révolution ! » Ce cri, dans le bruit général, n'est entendu que du valet de pied placé derrière le président.

Laissant le poignard dans la plaie, Caserio se sauve tout en criant encore : « Vive l'Anarchie ! » il cherche à s'échapper en se perdant au milieu de la foule ; sa fuite est heureusement entravée et il reste aux mains de la police. Il est superflu, après cet exposé, fait en quelque sorte par l'accusé lui-même, d'insister sur la préméditation ; l'expression est insuffisante pour qualifier cette obstination dans son dessein meurtrier, qui a conduit Caserio de la boutique du boulanger Viala à Cette, jusqu'à la ville en fête où il devait trouver sa victime.

Caserio se défend d'avoir eu aucun complice, ni même aucun confident de son projet ; il affirme qu'il l'a conçu seul, comme il l'a exécuté, sans aide et sans assistance pécuniaire. Avec persistance, il a déclaré au cours de l'instruction que devant le jury seulement il ferait connaître le mobile qui l'a poussé. Il est bien évident, malgré ses réticences, qu'il ne s'est inspiré que de l'esprit de haine et de vengeance qui anime les anarchistes et qui s'est trop souvent manifesté par les plus criminels attentats.

L'INTERROGATOIRE

M. Breuillac procède à l'interrogatoire. Après l'avoir interrogé sur sa naissance, sur sa famille, sur son caractère, M. le président déclare à Caserio qu'il importe de bien savoir s'il est responsable, si son état est normal :

R. — Oui, Monsieur, je suis absolument responsable.

D. — Vous déclarez que vous êtes absolument responsable ?

R. — Oui, Monsieur.

D. — On l'a dit, et je tiens à le rappeler, M. le juge d'instruction vous a posé des questions à cet égard. Depuis l'âge de 10 ans vous n'avez jamais été malade ?

R. — Non, Monsieur,

D. — Vous n'avez jamais eu un moment de délire, jamais un trouble intellectuel, de crise de quelque espèce ; vous n'avez jamais été malade ?

R. — Non, Monsieur.

D. — Dans votre famille y a-t-il eu des personnes atteintes de maladies qui troublent la raison ?

R. — Non, Monsieur.

D. — On a parlé d'un de vos oncles du nom de Caserio qui a été fou ; est-il vrai qu'il n'a jamais été fou ?

R. — Les Caserio ne sont pas des fous.

D. — Vous connaissez deux oncles qui ne sont pas fous ?

R. — Oui, Monsieur.

D. — Il paraît cependant que votre père a eu à un certain moment des crises d'épilepsie. Votre père a été, je crois, profondément ému de faits qui se sont produits au moment de l'occupation autrichienne ; il avait été arrêté et il avait vu à côté de lui des camarades...

R. — Son frère.

D. — ... Son propre frère qui avait été fusillé.

R. — Non, arrêté.

D. — Il avait eu peur.

R. — Oui.

D. — Et à la suite de ces faits, des crises d'épilepsie se sont produites. Mais votre père n'était pas fou de naissance.

R. — J'ai toujours vu travailler mon père.

D. — Ce sont vos déclarations à cet égard que je cherche à produire au débat. La défense se servira probablement de vos documents, il ne m'appartient pas de les discuter, mais j'appelle votre attention sur ce point. Votre père a eu des accès d'épilepsie qui se sont produits à la suite d'une frayeur.

R. — Oui, Monsieur.

D. — D'ailleurs, le 25 juillet dernier, il y a peu de jours, vous deviez être défendu ou plutôt assisté par un de vos compatriotes et vous avez télégraphié à M. Podreider que vous ne vouliez pas qu'on visitât votre mère et votre sœur, que vous aviez tué le président de la République pour votre idéal anarchique.

R. — Oui, Monsieur.

D. — Vous avez envoyé ce télégramme ?

R. — Oui, Monsieur.

D. — Vous avez même envoyé une lettre ?

R. — Oui, Monsieur, une lettre.

D. — Et vous avez ajouté que vous ne l'étiez pas vous-même, que vous protestiez, que vous aviez tué le président de la République pour votre idéal anarchique ; — ce sont vos propres mots.

R. — Oui, Monsieur.

D. — Nous avons constaté d'ailleurs par la lecture de l'instruction, par le récit fait de votre bouche, dans les interrogatoires que je vous ai fait subir, dans l'attitude même que vous avez à l'audience, que vous jouissez, au point de vue du raisonnement, de facultés ordinaires, sinon au-dessus de l'ordinaire. Vous étiez, nous l'avons dit, d'une modeste famille ; votre mère, à en juger par sa correspondance, est une femme de beaucoup de cœur. C'est une femme du peuple qui a des sentiments élevés ; elle a fait pour vous ce qui était possible. Vos parents vous ont d'abord envoyé à l'école communale de Motta-Visconti ?

R. — Oui, Monsieur.

Rappelant l'enfance de Caserio, M. le président lui dit : « Vous êtes allé à l'école, mais vous n'y avez jamais eu de prix. » Caserio répond : « Je regrette de n'avoir pas plus d'instruction. J'aurais été plus fort. »

D. — Et qu'auriez-vous fait de cette force ?

R. — Je m'en serais servi pour l'idéal.

Questionné sur ses rapports avec l'avocat Gori, il répond : « Je n'ai pas beaucoup fréquenté les conférences de Gori en 1891 ; mais j'ai lu des brochures et je fais plus attention à ce qu'il y a dedans qu'à celui qui les a signées. Du reste je ferai l'exposé de mes doctrines. »

Le président l'interroge ensuite sur ses relations avec les anarchistes italiens. Mais sur ce point Caserio garde le silence. « Je suis boulanger, dit-il, non un policier. »

Arrivé au jour où Caserio quitte son patron, M. Vialla, boulanger à Cette. Il était 11 heures 1/2. « Où êtes-vous allé à ce moment, » lui dit le président.

R. — J'ai donné toutes les explications au juge d'instruction.

D. — Oui, mais MM. les jurés ne les connaissent pas. Où êtes-vous allé vers 11 heures et 1/2 ?

R. — C'était plus tard, vers midi, je suis allé dans un magasin de la rue des Casernes acheter le poignard.

D. — Combien avez-vous payé le poignard ?

R. — Cinq francs.

Après avoir constaté que les scellés du poignard étaient intacts on les rompt et le président le montre à Caserio.

D. — Est-ce là le poignard que vous avez acheté ?

R. — Oui, Monsieur.

D. — (En montrant un autre poignard). Ceci est un autre poignard qui a été envoyé par l'armurier comme spécimen ; mais le premier est bien celui que vous avez acheté ?

R. — Oui.

M. le président. — (Aux jurés). C'est une arme qui a environ seize centimètres et demi ; elle est teinte de sang, la pointe est cassée parce qu'en tombant sur le pavé elle s'est émoussée. Il y a d'un côté *Recuerdo*, de l'autre, *Toledo*, mais il a été fabriqué à Thiers et envoyé à l'armurier. Je prie MM. les jurés de ne pas le froisser : parce que c'est une relique qu'on désire conserver.

M. Vaux prétend que vous auriez acheté ce poignard la veille au soir. Vous avez affirmé que vous l'aviez acheté samedi matin ; vous serez confronté avec lui. M. Vaux a prétendu que vous l'aviez acheté fort tard ; vous, vous avez dit que vous vous étiez couché dans la journée. Etiez-vous fatigué ?

On arrive à la question de la préméditation.

M. le président invite Caserio à faire le récit de son voyage de Cette à Lyon, le 24 juin dernier. Ce récit est exactement conforme à celui qu'il a fait à M. Benoist, juge d'instruction. Caserio déclare encore qu'il était venu à Lyon pour exécuter son projet.

« Qu'avez-vous fait aux abords de la Bourse ? » lui demande le président.

R. — « Quand j'ai vu arriver des cavaliers, j'ai compris que le moment était venu et je me suis tenu prêt. »

M. Breuillac fait passer sous les yeux des jurés un fac-similé de la voiture présidentielle et indique les places occupées par MM. Gailleton, Voisin et Borius. Lorsque le président était assis, l'épigastre ne dépassait pas la hauteur de celui d'un homme debout. M. Carnot fit écarter les cavaliers placés aux portières, pour mieux voir la foule.

D. — Ceci dit, racontez votre crime, Caserio.

R. — Au moment où les derniers cavaliers de l'escorte passaient en face de moi, j'ai ouvert mon veston : le poignard était la poignée en haut dans l'unique poche du côté droit, à l'intérieur, sur la poitrine. Je l'ai saisi de la main gauche et, d'un seul mouvement, bousculant les deux jeunes gens placés devant moi, reprenant le manche de la main droite et faisant de la main gauche glisser le fourreau qui est tombé à terre sur la chaussée, je me suis dirigé très vivement, mais sans bondir, tout droit au président en suivant une ligne un peu oblique, en sens contraire du mouvement de la voiture.

J'ai appuyé ma main gauche sur le rebord de la voiture et j'ai, d'un coup porté légèrement de haut en bas, la paume de la main en arrière, les doigts en dessous, plongé mon poignard jusqu'à la garde dans la poitrine du président.

Et Caserio, avec un cynisme inouï, montre la façon dont il s'est servi du poignard pour frapper le président.

Ma main a touché son habit; j'ai laissé le poignard dans la poitrine du président et il restait au manche un morceau de papier du journal. En portant le coup j'ai crié, fort ou non, je ne puis le dire : « Vive la Révolution ! »

Quand je l'ai frappé, continue-t-il, M. Carnot m'a regardé en face. Ensuite je me suis retiré, en criant : « Vive la Révolution ! »

D. — Vous avez dit que ce regard du président a produit sur vous une grande sensation ?

R. — Je n'ai eu aucune émotion.

D. — Vous vouliez frapper au cœur ; mais votre coup a porté plus bas que vous ne pensiez.

Le coup porté, vous avez pris la fuite; voyant qu'on ne vous arrêtait pas instantanément et que personne ne semblait avoir compris ce que vous aviez fait, vous vous êtes mis à courir en criant : « Vive l'Anarchie ! » Vous alliez disparaître dans la foule; on refusa de vous lsisser passer. Quelqu'un cria derrière vous : « Arrêtez-le ! » ; vingt agents vous prirent alors par le collet et vous entraînèrent en lieu sûr.

M. Breuillac fait ensuite le récit des derniers moments de M. Carnot. Les sommités médicales de notre ville ont fait ce qu'il était humainement possible de faire pour sauver une vie si précieuse.

— Le résultat de votre coup de couteau, Caserio, a été la mort de M. Carnot. Vous le savez?

R. — *(D'une voix faible)* Oui, je le sais.

D. — Et c'est parce que vous êtes anarchiste que vous avez tué M. Carnot. Vous haïssez tous les chefs d'Etat?

R. — Oui. monsieur.

D. — Vous avez prémédité votre crime. Vous le reconnaissez.

R. — Je le dirai dans ma déclaration.

Terminant son interrogatoire, le président dit à Caserio : « En dehors du crime politique, vous avez tué un époux et un père de famille. »

Caserio développe alors en italien de longues considérations : « On n'a pas eu pitié des femmes et des enfants des anarchistes qu'on a guillotinés en France, pendus en Amérique, fusillés en Espagne. » L'interprète n'arrive qu'avec peine à traduire les paroles de l'accusé, qu'il dénature du reste, ce qui soulève des protestations au banc des journalistes.

L'audience est levée à midi.

AUDIENCE DU SOIR

L'audience est reprise à 2 heures. Mêmes mesures d'ordre aux abords du palais et dans la salle des assises, même affluence. Cette audience est tout entière consacrée à l'audition des témoins. M. Hippolyte Cousin, commissaire de police à Lyon, et les quatre gardiens de la paix Brun, Bardin, Jehlé et Colombani font leur déposition. Puis sont entendus les généraux Voisin, gouverneur militaire de Lyon, et Borius, chef de la maison militaire de M. Carnot; les officiers d'escorte, MM. Nœttinger, capitaine au 7e cuirassiers, Delpech, lieutenant au 7e cuirassiers, et Flotti, valet de pied de M. Carnot. M. Rivaud, préfet du Rhône, qui était dans la deuxième voiture avec M. Dupuis, président du Conseil des ministres, n'a nullement assisté à la scène. Quand il vit la voiture s'arrêter, il sauta à terre et apprit de M. le docteur Gailleton, maire de Lyon, que le président venait d'être frappé.

M. Gailleton, maire de Lyon, qui se trouvait dans la voiture présidentielle est malade et se trouve dans l'impossibilité de venir à l'audience. M. le procureur général donne lecture de la déposition du maire de Lyon.

Voici cette pièce :

Le dimanche soir 24 juin, à 9 heures 10, je suis monté dans la voiture présidentielle, où j'occupais la troisième place, en face de M. le président de la République.

La voiture marchait au pas et, après avoir tourné à droite dans la rue de la République, n'était pas encore au niveau de la grande porte du Crédit Lyonnais, je faisais remarquer à M. le président le spectacle de la rue brillamment illuminée lorsque, tout d'un coup, je vis un bras se poser sur la voiture, vers le côté droit du président.

Au même moment, j'entendis un coup sec et, croyant qu'il s'agissait d'un maladroit qui remettait gauchement un placet à M. le président, je m'écriai machinalement :

« Quelle brute! » La main disparaissait aussitôt et, au lieu de voir le président souriant comme lorsqu'on lui remettait un placet, je vis son regard devenir fixe, son visage devenir très pâle. En même temps, le président portait la main à l'endroit frappé et je dis à M. Carnot : « Qu'avez-vous, M. le président ? »

Il y eut alors un mouvement de toutes les personnes se trouvant dans la voiture pour se tourner du côté du président et voir ce qui se passait.

Le président m'a répondu d'une voix à peine perceptible : « Je suis blessé » ou « je suis frappé ». J'ai eu alors tout d'un coup la pensée bien nette que M. Carnot venait d'être blessé par le bras que j'avais vu.

MM. Coste-Labaume et Vignet, conseillers municipaux se sont approchés de la voiture au moment où je me levais pour la faire arrêter et ont demandé des nouvelles.

J'ai dû dire : « Arrêtez-le » et à la question que m'adressait M. Vignet ne rien répondre et faire seulement signe de me laisser tranquille.

Je pris la main du président, je la trouvai froide et ne pus pas sentir le pouls. Il venait en effet de tomber en syncope et de se renverser la tête en arrière.

J'ai dit : « Tournez à la préfecture ». On était arrivé en face de l'entrée du Grand-Hôtel, lorsque M. le Dr Poncet, prévenu, est monté dans la voiture que je lui ai ouverte, et on a commencé à donner les premiers soins au président.

Après avoir consulté M. Poncet, nous avons définitivement tourné sur la place de la Bourse et nous nous sommes rendus à la préfecture.

M. Poncet débrida la plaie, reconnut le siège de la blessure et se mit en mesure de faire le pansement approprié.

M. Ollier vint; il y eut un nouveau pansement, et nous rédigeâmes, à dix heures et demie, un bulletin qui se terminait par ces mots : « Etat extrêmement grave. »

Le meurtrier était arrivé obliquement, venant au devant de la voiture ; c'est ce qui explique que la violence du coup a été accrue par le mouvement même de la voiture.

Plusieurs fois, j'ai entendu le président inviter les officiers de son escorte à se tenir un peu en arrière, de manière à permettre au public d'aller jusqu'à lui, et aussi pour lui permettre d'être complètement découvert aux regards de la foule.

Le général Borius, qui a donné ces ordres, n'était que l'interprète des volontés du président.

M. LE DOCTEUR PONCET

Professeur de la Faculté de médecine et chirurgien en chef de l'Hôtel-Dieu
Chevalier de la Légion d'honneur

Je sortais du palais de la Bourse, lorsque je vis M. Carnot renversé dans le fond de sa voiture, extrêmement pâle.

M. Gailleton me héla, je sautai dans la voiture et je fis sauter les vêtements du président, qui paraissait d'ailleurs dans un état désespéré.

De par la situation de la blessure, j'étais convaincu que nous avions affaire à une plaie pénétrante du foie.

La voiture fut conduite à la préfecture ; pendant le transport, le président poussait de faibles gémissements; la plaie de la paroi abdominale fut comprimée à l'aide d'un mouchoir que j'avais dans ma poche.

A la préfecture, je fis sur la plaie des applications de compresses glacées pour produire l'hémostase.

Je pris des mesures pour intervenir au point de vue opératoire, bien que le cas parût désespéré.

Il ne fallait pas songer à l'anesthésie, le président aurait succombé à l'éthérisation.

Le seul moyen qui me restait était une laparotomie pour pouvoir atteindre le foyer de la plaie et combattre l'hémorragie interne.

Sous l'influence de la douleur, le président recouvra ses sens, il parla, dit : « Vous me faites mal », répondit par oui et par non aux questions qu'on lui posait et put même formuler des remerciements pour les personnes qui l'entouraient et notamment pour le colonel Chamoin.

Plusieurs de mes collègues survinrent peu après, on débrida davantage la plaie, on fit prendre au président quelques gorgées de champagne et nous avons eu à un moment donné une légère lueur d'espoir.

Mais le pouls s'en allait, à minuit 30 le président donna des signes d'anémie des centres nerveux, signe avant-coureur de la mort ; à ce moment nous n'avions plus aucun espoir.

L'autopsie du président n'a été que partielle, il n'y avait pas d'intérêt à explorer d'autre organe que le foie.

La pointe du poignard avait pratiqué à travers la veine porte une ganse, le vaisseau était perforé en haut.

Aucun moyen thérapeutique chirurgical ne pouvait sauver le président.

Sa vie a seulement été prolongée de deux ou trois heures, le foie ayant été comprimé par le pansement, l'hémorragie, au lieu de continuer à couler à flot, s'est effectuée en nappe.

M. LE DOCTEUR OLLIER

J'ai été appelé à la préfecture pour donner des soins au président Carnot.

On eut, à un moment donné, un semblant d'espoir, mais il était impossible de sauver la malheureuse victime.

Il décrit à son tour la blessure, démontre qu'il s'est produit une série de circonstances qui devait forcément amener la mort, que la plaie était mortelle par elle-même et n'a été précipitée par aucune prédisposition maladive qui aurait pu exercer sur les organes du président Carnot une influence fâcheuse.

Le docteur Ollier communique à MM. les jurés des dessins représentant le foie du président, avec l'indication des deux blessures qui prouvent qu'elles ont été faites soit par un coup porté en deux temps, soit que la seconde soit due à un mouvement de recul du président de la République, ou à un mouvement involontaire, soit même que cette seconde lésion soit due au mouvement de la voiture.

Caserio, sur question, déclare n'avoir rien à ajouter.

On introduit M. Henri Coutagne.

M. HENRI COUTAGNE

Médecin au rapport

Il fut appelé le soir du crime au poste de police où l'assassin devait être conduit, puis à la préfecture auprès de la victime.

A ce moment, l'état du blessé était très grave. De nombreux docteurs l'entouraient.

Le lendemain, le témoin prit part à l'autopsie ; il décrit la plaie, le trajet de l'arme, les vaisseaux intéressés, notamment la double perforation de la veine porte qui prouve que le poignard a été enfoncé jusqu'à la garde.

LE DOCTEUR LACASSAGNE

M. Lacassagne, professeur à la Faculté de médecine, qui devait déposer, ne peut se rendre à l'audience ; il vient en effet de perdre son beau-père, M. le docteur Rollet.

Les dépositions des autres témoins (Vaux, coutelier à Cette ; Viala, boulanger à Cette; Crociocha, commissaire central à Cette; Boy, commissaire central à Vienne; Pernel, commissaire spécial près la préfecture du Rhône) offrent peu d'intérêt au point de vue médico-légal. Il ne reste plus qu'un témoin à entendre : le soldat Leblanc.

L'audience est levée sans incident à 5 heures 25 minutes.

AUDIENCE DU 3 AOUT (matin)

L'interrogatoire de Caserio et les dépositions des témoins, font l'objet des commentaires de l'auditoire, en attendant que s'ouvre l'audience. L'intérêt pour les avocats, pour les criminalistes, pour les médecins, a été surtout dans les réponses de Caserio et dans les dépositions des docteurs Gailleton, Ollier, Poncet et Coutagne. On commente surtout l'attitude de l'assassin, et ce sourire vague, toujours le même, qui revient sur ses lèvres. Au cours des deux premières séances, en effet, Caserio a toujours répondu avec douceur, presque en souriant, aux questions du président. Quand il a éclaté, ça été pour rectifier une erreur émise par le président ou par un témoin : « (Je suis absolument responsable... Je n'ai jamais été malade... Il n'y a jamais eu de fous dans ma famille... Je n'ai pas eu de complice. ») Quand il est debout et qu'il parle, sa tenue est toujours la même : il dodeline de la tête, tient sa main droite sur la balustrade et gesticule de la main gauche. Parfois la main droite se porte sur la hanche, surtout lorsqu'il est tourné vers son interprète, M. Ch. Armand de Geneval. Car l'assassin de M. Carnot prononce très mal le français; l'italien qu'il parle n'est même pas très correct, au dire de son interprète. Celui-ci, malheureusement, traduit par voie de résumé. Sa traduction n'est donc pas toujours d'une irréprochable fidélité, et bien des nuances dans les réponses de Caserio ont complètement disparu, qui avaient pourtant leur importance. Le mécontentement est surtout visible aux bancs de la presse.

La séance est ouverte à 9 heures.

Après l'audition du témoin Leblanc, M. le procureur général Fochier a la parole. D'une voix grave et pénétrante, avec une logique inexorable, M. Fochier s'attache à établir, en réponse à l'hypothèse de l'irresponsabilité, la lucidité d'esprit, l'incroyable force de volonté avec lesquelles Caserio a conçu et perpétré son attentat; ses interrogatoires à l'instruction, son attitude à l'audience, tout indique qu'il n'a pas cessé un instant d'avoir la pleine conscience de ses actes. Il demande le châtiment suprême. « Ce sera non un acte de vengeance, mais un acte de prévoyante justice. »

Tout cet éloquent réquisitoire, Caserio n'a cessé de l'écouter fort attentivement, une sorte d'ironique sourire aux lèvres.

M. le président Breuillac offre la parole au défenseur,

Me Dubreuil. Dans ce procès criminel où toutes les preuves étaient réunies contre son client, Me Dubreuil s'est montré à la hauteur d'une tâche à laquelle devaient répugner ses opinions et ses goûts. « J'ai reçu une consigne, celle d'aider Caserio dans sa défense et, au besoin, d'y suppléer; je l'exécuterai... » Il expose ensuite que l'étude complète du dossier l'a vivement impressionné. « Je me suis demandé sincèrement, dit-il, si c'est avec une conscience suffisante de ses actes que Caserio a accompli l'abominable forfait qui l'amène ici. » Et Me Dubreuil déclare que son inconscience relative résulte pour lui d'abord du germe héréditaire qui a sûrement occasionné chez Caserio un trouble intellectuel, ensuite du milieu dans lequel il a vécu au sortir de son enfance, enfin de l'impossibilité de concilier les sentiments de Caserio au moment de l'attentat avec les sentiments certains qu'il exprimait soit avant, soit après. Le point du plaidoyer de Me Dubreuil le plus intéressant pour les criminalistes et pour les médecins, a été celui où ont été exposés plus ou moins complètement la question de pathologie psychologique et le degré de responsabilité de Caserio. Me Dubreuil a montré Caserio fils d'un père épileptique, atteint de rachitisme, et a étayé ses affirmations de citations de Maudsley (*Le Crime et la Folie*, p. 44 et 168), de Lombroso, et d'une lettre du médecin communal qui exerça la médecine à Motta-Visconti de 1872 à 1874. Et montrant aux jurés l'assassin : « Cet homme a accompli son crime d'un bond qui a duré trente heures! »

Et il s'efforce de prouver que Caserio a simplement réalisé les doctrines de Gori et des théoriciens de l'anarchie, les a mises en application, les a converties en faits. Et comme il insiste sur ce point, Caserio violemment proteste : « Je n'ai pas été l'élève de Gori, il n'a pas été mon maître! »

« Mon devoir est fini, le vôtre commence, dit en terminant Me Dubreuil. Vous êtes citoyens, vous êtes juges. Je n'ai plus qu'à abandonner le sort de Caserio à vos cœurs et à vos consciences. » (Mouvements prolongés). Ce plaidoyer fini, le président demande à Caserio s'il persiste à donner lecture du factum. Sur la réponse affirmative de Caserio, l'interprète lit cette œuvre sans originalité dont la Cour, sur la réquisition du procureur général, interdit la publication en vertu de la loi nouvelle.

A midi cinq, le Jury entre dans la salle de ses délibérations. Avocats, magistrats, journalistes, médecins, commentent alors les points intéressants de cette audience. L'attitude de Caserio, cette simplicité terrifiante dans la revendication tout entière de l'acte commis, cet éternel sourire ironique font l'objet de toutes les conversations. La protestation de Caserio, quand Mᵉ Dubreuil a parlé de l'avocat Gori, semble surtout un des points les plus intéressants de la séance, car il montre bien « l'état d'âme » de l'assassin de M. Carnot. Caserio s'est en effet présenté devant le jury sans forfanterie, sans fanfaronnade, sans jactance. Il a voulu porter seul le démérite ou plutôt le « mérite » de son acte. Il a frappé consciemment, et il n'a pas plus de remords *après* qu'il n'avait eu d'hésitation *avant*.

Plus on pénètre les réponses de Caserio pendant l'interrogatoire, pendant le plaidoyer de Mᵉ Dubreuil, plus on est convaincu que cet anarchiste est bien de la famille des Ravachol, des Vaillant, des Emile Henri, et qu'il est un exemplaire accompli du révolutionnaire, de l'internationaliste qui conforme sa conduite individuelle aux théories de violence et de haine précédemment écoutées. Cette opinion qui semblait être celle de la majorité du public sera-t-elle aussi celle des jurés? Sans avoir une divination rare, on pouvait, pendant les délibérations du jury, se figurer l'état mental et moral de chacun des jurés, comme on avait pu se le figurer aux différentes phases du procès, et par conséquent prévoir le verdict.

Au bout d'un quart d'heure le jury revient, rapportant un

verdict affirmatif sur toutes les questions, muet sur les circonstances atténuantes, dont lecture est donnée par le chef du jury, au milieu d'un religieux silence. La Cour rend donc un arrêt condamnant Caserio à *la peine de mort* et ordonnant que son exécution aura lieu sur une des places publiques de Lyon, au choix de l'autorité administrative.

Caserio écoute avec un sourire contracté. Il essaye de faire bonne contenance, les deux mains écartées, appuyées sur la barre. Quand le président l'avertit qu'il a trois jours francs pour se pourvoir en cassation, il bredouille d'une voix sourde : « Vive la Révolution sociale ! » Puis, lorsque les gendarmes l'entraînent, il se tourne à demi vers les jurés et crie : « Courage, camarades, vive l'Anarchie ! »

A. B.

NOTES D'UN TÉMOIN

Caserio fut éveillé à 4 heures et demie du matin. Il était couché sur le côté droit et semblait dormir tranquillement. Il avait fait, en prévision, une copieuse commande à la cantine, voulant sans doute profiter de son dernier jour pour faire un bon repas. Jamais il n'avait été aussi expansif, aussi gai que la veille, causant beaucoup avec ses gardiens, faisant son testament par plaisanterie. Il se croyait sûr de son lendemain, ce qui explique le calme parfait dans lequel nous le trouvâmes (1).

Le directeur dut lui frapper sur l'épaule, à deux reprises, pour l'éveiller. Caserio se retourne, se met sur son séant, se lève, encore endormi, l'œil un peu vague. Le directeur lui annonce qu'il va subir sa peine et l'engage à se montrer courageux. Le condamné répond d'un signe de tête « oui »; il est livide et il tremble de tout son corps, mais pas d'autres traces de faiblesse. On lui demande ce qu'il a à dire. « Merci, merci, » répond-il au directeur. « Voulez-vous me dire quelque chose, à moi, demande ce dernier ? —Oui, merci, merci. » (Sans doute merci pour la façon dont on l'a traité). — « Voilà M. l'aumônier, le procureur et votre avocat

(1) Son sommeil d'ailleurs était normal habituellement. Jamais Caserio n'a éprouvé ou n'a paru éprouver d'hallucinations de l'ouïe ou de la vue, à l'état de veille ou dans le sommeil. Jamais il n'a eu de cauchemar.

qui viennent s'entretenir avec vous, si vous désirez leur confier quelque chose. — Non, » répond Caserio, avec un lent mouvement de tête de droite à gauche. Successivement l'aumônier, le procureur reçoivent la même réponse, et se retirent. Tout le monde sort pour laisser le détenu avec son avocat, mais il paraît que celui-ci n'en obtient pas d'autre réponse.

On l'habille, tremblant toujours de tous ses membres; on l'amène ensuite à la geôle : là, son tremblement est visible et manifeste, bien qu'il fasse une température normale. Le condamné ne grelotte pas, il tremble réellement. A plusieurs reprises on lui offre un cordial, il le repousse, toujours avec le même geste, et détournant la tête, avec ce simple mot : non. Est-ce que cette taciturnité vient de ce que cet Italien ne parle que difficilement le français? Serait-il plus loquace si notre langue lui était familière? Nous ne le pensons pas : Caserio naturellement parle peu; actuellement, il paraît accablé et semble se concentrer en lui-même pour ne pas faiblir. Il répond de l'air d'un homme qui demande qu'on en finisse le plus tôt possible et qu'on le laisse tranquille. Je m'approche de lui et lui présente à mon tour un cordial, il le repousse : « Vous n'avez pas peur d'être trop faible? — Non, » me dit-il.

En attendant l'arrivée de Deibler et de ses aides, j'examine ce criminel de vingt ans, dont le nom restera si tristement célèbre.

Il n'a pas l'air bestial; la taille est élevée, un peu voûtée; les mouvements lents en général; le front n'a rien de saillant, les yeux sont doux, assez grands; la bouche est grande, les lèvres épaisses; bref, c'est plutôt une physionomie insignifiante, et l'on cherche en vain dans quel coin du visage on pourrait retrouver un vestige de férocité, de tendance au crime.

L'expression n'est pas non plus inintelligente; ce qui semble s'en dégager plutôt, c'est de l'apathie, de la nonchalance : ni le menton, ni le nez ne décèlent de passion violente; les pavillons ne sont point écartés de la tête; un peu d'amaigrissement dû à la détention fait ressortir modérément les pommettes, sans saillie très appréciable. Les lèvres un peu fortes, à contour uni, rectiligne, complètent cet ensemble qui est plutôt insignifiant. Je cherche en vain un rien qui puisse permettre de trouver dans les traits du condamné, non l'explication de son crime, mais l'indice d'une tendance criminelle.

Je ne sais si l'examen plus approfondi et plus détaillé de la tête aurait pu donner *des résultats* plus positifs; mais il est clair que jusqu'ici notre examen reste infructueux.

En assistant à l'exécution de Busseuil, nous fûmes surpris de son impassibilité, de son indifférence devant la mort; son visage portait l'empreinte d'une certaine bassesse, d'une certaine bestialité; était-ce parce que Busseuil était un professionnel du crime, habitué aux débauches et aux violences et que ses traits en avaient comme gardé une certaine empreinte? Peut-être; ce qui est sûr, c'est que j'étais singulièrement étonné de ne rien trouver en Caserio qui indiquât un criminel-né.

Cependant le condamné tremble toujours, le tremblement est visible pour tout le monde. Caserio promène sur l'entourage un regard morne, accablé. Il paraît indifférent à tout; toujours pâle d'ailleurs, il a le pouls rapide, faible mais régulier.

On a renoncé à lui faire rien accepter. Deibler arrive; la toilette est rapidement faite, et le condamné la supporte sans bouger, sans articuler une parole; à ce moment, il est encore plus pâle et me paraît presque inconscient.

On le conduit alors dans la voiture cellulaire; l'air du dehors paraît le ranimer un peu et quelques couleurs se montrent aux pommettes. La voiture, fermée, franchit le seuil de la prison et arrive tout près de la guillotine située pour la circonstance à peu de distance de la prison, à l'angle du cours Suchet et de la rue Smith.

De fait, l'éloignement du cordon des troupes rendait l'ensemble moins imposant que d'habitude, alors que la foule se presse de chaque côté sur le trottoir et que les cavaliers forment une masse plus rapprochée du lieu de l'exécution. La voiture s'ouvre, Caserio en descend, toujours pâle, toujours tremblant ; ses lèvres remuent comme s'il voulait parler, mais il se ravise sans doute, descend les marches de l'escabeau, soutenu par les aides ; on le pousse assez vivement du côté de la guillotine, il éprouve comme un vif mouvement de recul, évidemment, il ne comptait pas trouver l'instrument fatal si près de lui ; on le pousse toujours, on le jette sur la bascule ; à ce moment, tandis que celle-ci s'incline, j'entends des cris dont je ne saisis pas le sens mais je distingue en revanche très nettement un effort du condamné qui se relève et dont le dos se courbe comme s'il s'arc-boutait pour résister. Une main vigoureuse le maintient, le couteau tombe, et la tête roule dans le panier ; le sang s'écoule ensuite, de coloration peu intense et par jets précipités. De longs applaudissements se font entendre.

J'avoue que malgré l'énormité du crime de Caserio, les applaudissements m'ont paru indiscrets et causé un véritable malaise. Je sais bien qu'on allèguera qu'il s'agit ici d'un crime inouï commis par un étranger dans des circonstances particulièrement odieuses. N'importe, cela m'a fait souhaiter une fois de plus la suppression de la publicité des exécutions. D'ailleurs, comme contre-partie, une voix, après ces applaudissements s'éleva, criant « vive l'Anarchie » (2).

Plusieurs personnes qui étaient à côté de moi m'affirmèrent

(1) Nous ne ferons que rappeler que des précautions spéciales avaient été prises pour éloigner la foule et éviter tout désordre. Peu de personnes, de ce fait, ont pu se rendre un compte exact de l'exécution.

(2) Cette voix partait sans doute d'une des cellules où étaient enfermés des détenus anarchistes.

avoir compris dans les dernières paroles de Caserio les mots : « Courage, camarades, vive l'Anarchie ». J'adopte cette version, parce que tous me la donnèrent, mais j'avoue n'avoir pas compris.

Comme chacun se retirait, une personne qui avait assisté avec moi à tous les détails de l'exécution, exprima l'opinion que le supplicié n'avait pas été courageux du tout ; une autre personne m'affirmait qu'elle le trouvait très courageux. Une troisième personne prétendait que Caserio loin de se troubler à la vue de la guillotine, avait couru au devant. Toutes ces divergences sur un fait qui venait de se passer sous nos yeux montrent combien il est difficile d'être exact. Ce qui est sûr, c'est que, comparé à Busseuil, Caserio a fait assez triste figure devant l'échafaud, qu'il n'a cessé de trembler, et que s'il avait pensé se comporter mieux que Henry et Vaillant, ses confrères en attentat, il avait trop présumé de lui-même. En y regardant de très près, je pense que l'annonce de son exécution, prématurée pour lui, puisqu'il ne l'attendait que vingt-quatre heures plus tard, l'a sidéré, lui enlevant presque toute faculté de réfléchir et de penser. Il n'a ressenti qu'un accablement, un découragement obscurcissant l'intelligence et même la sensibilité.

L'annonce du dernier supplice doit produire un choc tel qu'il y a comme une inhibition de la réflexion, qui seule pourrait montrer au condamné sa situation dans toute son horreur. C'est pour cela sans doute que, à part le tremblement, il n'y a souvent pas trace d'émotion extérieure, cris, pleurs, récriminations. C'est pour cela que l'émotion ressentie est quelquefois plus grande en apparence chez certains assistants que chez le condamné.

Quoi qu'il en soit, au premier examen, Caserio ne *paraît* posséder aucun des stigmates de dégénérescence et on se trouve en présence d'un criminel créé de toutes pièces par la propagande anarchiste. Il n'avait aucun penchant criminel par lui-même si l'on en croit son histoire. De tare héréditaire, il serait superflu d'en parler, son intelligence était lucide, et grande sa volonté, capable de combiner avec habileté et d'exécuter avec hardiesse ; il ne paraissait pas dénué de sensibilité, il aurait dit, dans une de ses dernières conversations, que s'il avait vu, auparavant, M. Carnot et aperçu son regard, il se serait trouvé incapable de le frapper au dernier moment. C'est donc un homme dont les facultés paraissaient intactes ; seule l'idée anarchique y avait fait brèche et s'y était infiltrée, au point d'absorber toute son attention et de concentrer toutes ses facultés sur ce seul but, l'anarchie, dont il se croyait le champion et le martyr, sans réfléchir que c'est bien singulièrement entendre son rôle de martyr que de débuter par être un assassin.

LES DERNIERS MOMENTS DE CASERIO

Toujours calme dans sa cellule, Caserio vit approcher l'heure de l'expiation, qu'il savait inévitable, sans angoisse, sans inquiétude apparente.

Le condamné s'ouvrait assez facilement au visiteur connu, préoccupé seulement de taire les noms de ses amis, afin d'éviter des ennuis aux compagnons.

Méfiant et muet à son incarcération, ce n'est pas sans peine qu'on lui arrachait quelques paroles, difficiles à saisir, d'ailleurs, pour qui n'avait pas l'habitude de son jargon franco-italien.

Vu quelques heures après le crime, le visage tuméfié, la mise de souteneur, l'allure déhanchée faisaient penser que Caserio était quelque rôdeur de barrière maltraité dans une expédition nocturne. Le sujet n'avait rien de sympathique.

Les ecchymoses disparurent, l'aspect du visage s'adoucit ; le détenu commença à causer librement avec son entourage.

Il défendait ses idées avec un acharnement qui ne laissait malheureusement aucun doute sur la sincérité de ses dangereuses convictions et sur le caractère de son abominable forfait. C'était bien un fanatique, cet adolescent de 20 ans, au regard tour à tour doux, menaçant et sombre, qui discutait d'une manière si étrange, passant subitement d'un rire convulsif à la colère et à l'emportement. Cette physionomie tantôt effrayante, tantôt sympathique était bien celle d'un illuminé. Caserio était convaincu de l'utilité de son crime; il accompagnait toujours ses arguments d'un rire forcé, qui lui était familier, surtout lorsqu'il faisait l'apologie de son crime. Sa conscience ne lui reprochait rien. Ni l'appétit, ni le sommeil ne furent un seul instant troublés chez lui pendant ses cinquante-trois jours de cellule.

Dès sa condamnation il sut son exécution certaine et la croyait proche. Il restait indifférent. A peine pouvait-on remarquer que ses mouvements étaient plus saccadés et plus nerveux; de longs soupirs suivaient souvent ses rires forcés et ses plaisanteries macabres.

Par instants, il manifestait une crainte ; débilité par l'encellulement, il redoutait au dernier moment une défaillance qui aurait terni son auréole aux yeux du parti.

Il attendait donc courageusement la mort, dans cette quiétude d'esprit que procure à l'homme la satisfaction du devoir accompli. Pas un doute, pas un regret.

Son sommeil était profond, lorsque le 16 août, à 4 h. 30 du matin, M. Baux entouré des magistrats se présenta dans sa cellule. On dut le secouer vivement et à plusieurs reprises pour l'éveiller ; il ouvrit enfin de grands yeux hagards et pâlit ; il avait compris.

Il se dresse en tremblant au pied de son lit et ne répond mot à l'exhortation du directeur, se bornant à déclarer qu'il n'a rien à dire au juge et qu'il refuse les soins de l'aumônier. Il se déshabille seul ; on lui fait quitter le costume pénal et la camisole de force pour revêtir les effets qu'il portait le jour du crime. Il reste muet, les spectateurs respectent son silence.

Son regard s'est troublé depuis l'annonce de la fatale nouvelle, sa faiblesse est extrême ; les tremblements s'accentuent. L'effort du patient pour se soutenir et contenir ses larmes est visible, mais il ne s'abandonnera pas à sa douleur. Il aura le courage de jouer le triste rôle qu'il s'est assigné jusqu'au bout. Il veut faire bonne contenance même en face de la mort.

Au poste central on lui offre quelques réconfortants. Il refuse tout obstinément, liqueur, rhum, café. Il n'a besoin de rien. Affaissé sur sa chaise, pâle, légèrement oppressé. Quelques larmes perlent un instant sur son visage. Il promène sur l'assistance un regard vague. L'étincelle ardente qui jaillissait de cet œil dans le feu de la discussion est bien éteinte. Troublé, l'air hébété, Caserio a bien perdu de son assurance. L'intelligence est à demi paralysée par les affres de la mort.

Deibler et ses aides s'emparent du patient ; il se laisse docilement ligotter. De temps à autre il tourne la tête et fixe sur ses bourreaux un regard sombre et menaçant. Quelle impression douloureuse cause ce regard avec son expression de mépris, de dégoût, de haine, de crainte ! Le patient s'abandonne, indifférent et docile, aux aides impassibles qui le garottent sans pitié.

La chemise et le tricot très largement échancrés découvrent une poitrine blanche. La toilette est achevée ; vingt minutes à peine nous séparent du réveil.

Le condamné marche à petits pas jusqu'à l'entrée de la prison où il monte dans la voiture du bourreau. Son attitude reste ferme, sans forfanterie, sans crânerie, mais sans faiblesse. Le fourgon s'arrête à 50 mètres de là, car la guillotine a été édifiée tout près à l'intersection de deux voies, à l'angle sud-ouest de la prison.

Livide, Caserio descend accompagné de deux aides ; des yeux il cherche la foule que la troupe a rejetée à une grande distance. Surpris, il semble se demander si c'est bien la fin, lorsque son regard rencontre la guillotine ; on l'y pousse. Une voix rauque, étranglée par la peur, assourdie par le bruit du corps chavirant sur la bascule se fait entendre : « *Courage, camarades, vive l'Anarchie!* » Caserio ne pouvait pas mourir sans adresser une dernière provocation, sans jeter un dernier défi à la société. C'est son testament politique.

Etendu sur la planche, il se raidit, fait un effort pour se dégager ; mais la lunette se rabat et lui saisit la tête. Le couteau tombe.

Des « bravos! » accompagnés d'applaudissements nourris nous arrivent de la foule qui n'a pas pardonné son crime à l'assassin.

On s'approche de l'instrument du supplice : le sol est inondé de sang ; dans le panier, le corps étendu tremble toujours ; la tête roulée dans la sciure de bois est invisible. On enferme le panier dans le fourgon qui part au grand trot.

J'ai suivi cette lugubre scène sans éprouver une émotion aussi profonde que la première fois. Tout cela vous affecte et vous cause évidemment un malaise, une véritable souffrance morale, mais l'impression n'est pas durable. On s'habitue, je crois, à cet horrible spectacle. Les émotions vives émoussent la sensibilité et produisent cette anesthésie morale qui nous étonne chez les autres.

Je comprends l'impassibilité du chirurgien, la cruauté inconsciente du boucher. Je m'explique également l'activité fébrile de Deibler, ce vieillard impotent, comme la précision mathématique très remarquable des mouvements de ses aides, par l'absence de toute émotion au moment fatal.

Quelques mots d'épilogue.

Caserio n'a pas eu le courage de Vaillant qui avait donné son corps à la science. Caserio craignait la dissection posthume. Voilà au moins un préjugé dont il n'avait pas su se débarrasser. Deux jours avant l'exécution, sous la dictée de son avocat et sur papier timbré, il a déclaré qu'il entendait que son corps ne soit pas livré à la Faculté, et il a chargé Me Dubreuil de l'exécution de ses dernières volontés.

Ajoutons que la plupart des journaux de Lyon ont annoncé que la tête de Caserio avait été apportée dans notre musée de médecine légale pour y être moulée et autopsiée. C'est une erreur que nous tenons à rectifier afin de ne pas laisser cette légende s'établir.

Lyon, le 20 août 1894.

LYON
A. STORCK, Éditeur
78, rue de l'Hôtel-de-Ville

PARIS
G. MASSON, Éditeur
120, Boulevd St-Germain

PUBLICATIONS
MÉDICO-LÉGALES & CRIMINOLOGIQUES
DE L'ÉCOLE LYONNAISE

MÉDECINE LÉGALE GÉNÉRALE

Précis d'hygiène privée et sociale, par A. Lacassagne (4e édit. Bibl. diamant), 1 fort volume in-12, cart. perc.

Précis de médecine judiciaire, par A. Lacassagne (2e édition Bibl. diamant) 1 fort vol. in-12. Cart. perc. 7 50

Le Vade-Mecum du Médecin-expert, par A. Lacassagne (1 vol. in-18) 5 fr.

Les Actes de l'état-civil. — Etude médico-légale sur la naissance, le mariage et la mort, par A. Lacassagne (1 vol. in-18, relié perc. tranches rouges. *Bibliothèque scientifique judiciaire.*) 3 50

Feuilles d'examen médico-légal et d'autopsie, par A. Lacassagne (12 feuilles pour prendre les notes). La collection : 2 fr. 50. — Chaque feuille séparée. 0 35

L'Affaire Gouffé, par A. Lacassagne (1 vol. 4 pl. hors texte, 2e édition augmentée.) 3 50

Hygiène de Lyon. — Comptes rendus des travaux du Conseil d'hygiène et de salubrité publique du département du Rhône, par A. Lacassagne (1 vol. in-8°) 10 fr.

Les établissements insalubres de la région lyonnaise, par A. Lacassagne (1 vol. in-8°, 5 cartes en couleurs) (Médaille d'or du ministère de l'intérieur). 10 fr.

Les formes de la famille chez les premiers habitants de l'Afrique du Nord par BERTHOLON 1 fr.

Anthropologie criminelle des Tunisiens musulmans, par BERTHOLON 1 50

Positivisme et pénalité, par G. TARDE 1 fr.

Contribution à l'étude clinique des rapports de la criminalité et de la dégénérescence, par E. MARANDON DE MONTYEL, médecin en chef des Asiles publics d'aliénés de la Seine 1 fr.

Le quatrième Congrès pénitentiaire international. Saint-Pétersbourg 1890, par HENRI JOLY 1 fr.

Le monde des prisons, par EMILE GAUTIER 1 25

De la peine et de la fonction du droit pénal au point de vue sociologique, par E. GAUCKLER, professeur à la Faculté de droit de Caen 1 fr.

Variations thermométriques et criminalité, par ENRICO FERRI 1 fr.

Oscillations thermométriques et délits contre les personnes, par N. COLAJANNI 1 fr.

Statistique criminelle en Italie, par L. BODIO, directeur général de la statistique du royaume d'Italie 1 fr.

La criminalité en Corse, par ALBERT BOURNET 1 fr.

Une mission en Corse, notes d'anthropologie criminelle, par ALBERT BOURNET 1 fr.

Le projet du nouveau Code pénal italien (Zanardelli,) par D.-B. ALIMENA professeur à l'Université de Naples 1 50

La législation comparée dans ses rapports avec l'anthropologie, l'ethnographie et l'histoire, par D.-B. ALIMENA, professeur à l'Université de Naples 1 fr.

Le domicile forcé en Italie, par ALONGI, directeur de la colonie de Favignana 1 fr.

La criminalité à Lyon et dans les départements circonvoisins, par A. BÉRARD, docteur en droit, député de l'Ain 1 fr.

Aperçu général de la criminalité militaire en France, par A. CORRE 1 50

De la criminalité chez les Arabes au point de vue de la pratique médico-judiciaire en Algérie, par KOCHER (1 vol de 244 p. — 1884)

De la criminalité en France et en Italie, étude médico-légale, par A. BOURNET 1 vol. de 155 p., 1884)

Criminalité et médecine judiciaire en Cochinchine, par LORION, 1887 3 50

Criminalité et médecine judiciaire dans l'Inde anglaise, par CH. HOTCHKISS 3 50

PSYCHOLOGIE.

Les régicides dans l'histoire et dans le présent, par E. RÉGIS (1 vol. avec 20 grav.) 3 50

Les habitués des prisons de Paris, par LAURENT (1 gros vol. avec nombreux portraits), planches graphiques 10 fr.

Les lectures dans les prisons de la Seine, par H. JOLY 1 fr.

Essais sur le langage intérieur, par G. SAINT-PAUL (1 vol. in-8 avec documents inédits de F. Coppée, J. Claretie, A. Daudet. E. Zola, etc.), 1 vol in-8 3 fr.

Essai sur la psychologie des foules, considérations médico-judiciaires sur les responsabilités collectives, par FOURNIAL (1 vol. in-8) 3 fr.

Psychologie des premiers Césars, par BEAUJEU 2 50

Le crâne des criminels, par DEBIERRE, professeur de la Faculté de médecine de Lille.

Le cerveau des criminels, par GENOD 2 fr.

La surdi-mutité et les sourds-muets devant la loi, par M. LANNOIS, agrégé à la Faculté de médecine de Lyon, médecin des hôpitaux 1 50

L'hypnotisme et la médecine légale, par LADAME, privat. doctent à l'Univ. de Genève 2 50

Saint François d'Assise. Etude sociale et médicale, par A. BOURNET, (1 vol. in-8 orné de nombreuses reproductions, d'anciennes gravures, d'un portrait et d'une lettre inédite de l'abbé de Baets, sur la possession diabolique) 5 fr.

Marat, par A. LACASSAGNE

Psychologie des Antonins, par CHARTIER

Sainte Catherine de Sienne, par BOURNET

ALIÉNATION MENTALE

Congrès annuel de médecine mentale (deuxième session, Lyon 1891). Comptes rendus publiés par A. CARRIER, (1 vol. in-18) 10 fr.

La Folie au point de vue judiciaire et administratif. (Leçons faites à la Faculté de droit de Lyon) par HENRY COUTAGNE, chef des travaux de médecine-légale à la Faculté de médecine de Lyon 3 50

Les écrits et dessins des aliénés, par MAX SIMON (27 fac-sim.) 3 fr.

Essais sur les indications séméiologiques qu'on peut tirer de la forme des écrits des épileptiques, par A. MATHIEU (1 vol. in-8 avec 11 pl. hors texte) 3 50

Les dégénérés dans les prisons, par LAURENT 1 fr.

Les troubles nerveux consécutifs aux traumatismes, par L. ALAMARTINE 3 fr.

Les lésions de l'oreille chez les aliénés, par V. F. CLAIR 2 fr.

Les psychoses menstruelles au point de vue médico-légal, par AIMÈ SCHWOB 2 50

Des impulsions morbides à la déambulation, par DENOMMÉ 2 fr.

BLESSURES ET LEURS CONSÉQUENCES

La mort et les accidents causés par les courants électriques de haute tension, par F. BIRAUD (1 vol. in-8) 3 50

Les accidents de chemin de fer et leurs conséquences médico-judiciaires, par GUILLEMAUD (1 vol. in-8) 3 fr.

Etude médico-légale sur la précipitation (chutes d'un lieu élevé, défénestration) et particulièrement des lésions viscérales, par BONNETTE (1 vol. in-8) 3 fr.

Le vitriolage au point de vue historique et médico-légal, par ROCHE 3 fr.

Etude médico-légale sur les fractures du larynx, par VON HOFMANN, professeur de médecine légale à l'Université de Vienne 1 fr.

Des ruptures du diaphragme au point de vue médico-légal, par A. WEYDENMEYER 2 fr.

De l'égorgement au point de vue médico-judiciaire, par VIGUIÉ 3 fr.

Du dépeçage criminel au point de vue anthropologique et médico-légal. Notes de M. Lacassagne, par LOUIS RAVOUX (4 pl. en phototypie) 5 fr.

Etude médico-légale sur la castration, par G. PINOT 2 50

Contribution à l'étude clinique et médico-légale des contusions et ruptures du foie, par LOUIS PERCHERON, médecin de marine (1 vol. in-8) 2 50

Les traumatismes du crâne au point de vue médico-judiciaire, par C. MAISSIAT 2 50

Les blessures de l'œil au double point de vue des expertises judiciaires et de la pratique médicale, par GRAND-CLÉMENT (pl. en couleurs) 3 fr.

Des annexes de l'œil au point de vue médico-légal, par DRESSY (1884)

De l'iris au point de vue médico-légal, par OGIER (1884)

Des traumatismes du cristallin, par PENOT (1884)

Des blessures du cœur au point de vue médico-judiciaire, par S. CHARRIN 2 fr.

Des effets de la baïonnette du fusil Lebel, par A. LACASSAGNE 1 fr.

Des plaies par instruments piquants et en particulier par la baïonnette Lebel, par ALTHOFER 2 fr.

Etude médico-légale sur les plaies d'entrée par coups de revolver, par POIX (1885)

Examen des balles déformées dans les tissus (pl. et des.), par F. BENOIT 3 fr.

Du duel au point de vue médico-légal, par CH. TEISSIER 2 50

Des brûlures et de la mort dans les brûlures étendues, par P. GUICHEMERRE 2 fr.

Question de survie : l'affaire Marcon, par A. LACASSAGNE 1 fr.

ASPHYXIES DIVERSES

De la submersion expérimentale. Rôle de l'estomac comme réservoir d'air chez les plongeurs, par A. LACASSAGNE 1 fr.

De l'estomac au point de vue médico-légal, par MALLEN (1883.)

Etude médico-légale de la submersion (avec graphique), par BARLERIN 3 50

De la pendaison, étude médico-légale, par PELLIER (1883)

De la pendaison incomplète ou ratée, par LÉONCE VERSE 3 fr.

La fonction glycogénique du foie dans ses rapports avec les expertises médico-légales, par P. COLOMB 2 fr.

TOXICOLOGIE

Résumé analytique du cours de chimie organique, professé à la Faculté de médecine de Lyon, par P. CAZENEUVE (1 vol. in-8) 7 50

Répertoire analytique des matières colorantes artificielles, par P. CAZENEUVE, professeur à la Faculté de médecine de Lyon, correspondant de l'Académie de médecine et lauréat de l'Institut (1 vol in-18, reliure souple, tranches rouges) 5 fr.

Traité des poisons; chimie industrielle, chimie légale, par HUGOUNENQ (1 vol. de 509 pages, 1891)

De l'empoisonnement criminel en général, par GEORGES BENOIT 3 fr.

La putréfaction sur le cadavre et sur le vivant, par H. HUGOUNENQ 1 25

Ptomaïnes et leucomaïnes, par G. LINOSSIER 1 25

De la fatigue et du surmenage, hygiène et médecine légale, par KEIM 3 fr.

Du cyanure de potassium au point de vue médico-légal et toxicologique, par A. LACASSAGNE et HUGOUNENQ 1 fr.

Du cyanure de potassium en médecine judiciaire, par G. MAUDUIT 3 fr.

De l'empoisonnement par la strychnine en médecine judiciaire, par P. LE MÉHAUTÉ, médecin de marine 3 fr.

Etude médico-légale sur l'empoisonnement par l'aconitine, par BASSOT 3 fr.

Aconits et aconitines. Toxicologie, par J. VIDAL 2 50

L'intoxication phéniquée et son expertise médico-légale. par L. ZIMMERMANN 2 50

Effets toxiques du bichromate de potasse. par BERNASCONI (1883)

Etude médico-légale sur l'empoisonnement par le chlorate de potasse, par CHATAING (1887)

Recherches sur la toxicité des sels de pararosaniline et des fuchsines commerciales, par DUPAYS (1892)

QUESTIONS RELATIVES A L'IDENTITÉ

Les signalements anthropométriques, par A. BERTILLON, chef du service d'identification à la préfecture de police 1 fr.

De la reconstitution du signalement anthropométrique au moyen des vêtements par G. BERTILLON (1 vol. in-8 de 120 pages avec graphique) 3 50

De la mensuration des os longs des membres dans ses rapports avec l'anthropologie, la clinique et la médecine judiciaire, par ETIENNE ROLLET 3 50

L'identité établie par l'étude de squelette, par L. TOURTAREL 2 50

Des cicatrices au point de vue médico-légal, par A. VIALETTE 3 fr.

De l'oreille au point de vue anthrop. et médico-légal, par JULIA 3 fr.

L'oreille externe, étude d'Anthropologie criminelle (*18 figures*) par L. FRIGERIO directeur de l'Asile d'aliénés d'Alexandrie (Italie) 2 fr.

Affaire de Tisza Eslar, par VON HOFMANN, professeur de méd. légale à l'Univ. de Vienne 1 fr.

Les taches de sang, par FLORENCE (1885).

Les ongles au point de vue médico-légal, par VILLEBRUN (1883).

De la dentition dans les questions d'identité, par M. MERCIOLLE 3 fr.

Les dents au point de vue médico-légal, par DUMUR (1882).

Des empreintes en général et de leur application dans la pratique de la médecine judiciaire, par ANDRÉ FRECON (*14 fig. dans le texte*) 3 fr.

Des empreintes digitales au point de vue médico-judic. par R. FORGEOT 3 50.

Les tatouages chez les aliénés par E. MARANDON de MONTYEL, médecin en chef des Asiles publics d'aliénés de la Seine. 1 fr.

Tatouages et tatoués maritimes par GOUZER. 1 25

Les tatouages. Etude anthropologique et médico-légale, par A. LACASSAGNE, 1 vol. in-8° de 115 p., 1881.

Le tatouage religieux et amoureux au pèlerinage de N.-D. de Lorette par Mme C. PIGARINI-BERI. 1 25

Du tatouage exotique et du tatouage en Europe, par Batut. 1 25

Les gauchers comparé aux droitiers aux points de vue anthropologique et médico-légal, par JOBERT 1885.

QUESTIONS RELATIVES A L'INSTINCT SEXUEL

L'inversion sexuelle, par CHEVALIER (1 vol. de 540 pages) 5 fr.

Essai sur un mode d'évolution de l'instinct sexuel, par J. ARRUFAT 2 fr.

La prostitution des filles mineures (avec graphiques), par AUGAGNEUR, agrégé à la Faculté de médecine de Lyon 1 50

Des attentats à la pudeur sur les petites filles par PAUL BERNAUD (1886)

Des viols et attentats à la pudeur sur les adultes et des attentats à la pudeur sur les petites filles, par PAUL BERNARD 1 fr.

L'affaire du Père Bérard, par A. LACASSAGNE (avec une planche) 1 50

Des attentats à la pudeur et des viols sur les enfants, par R. GARRAUD, professeur à la Faculté de droit de Lyon et PAUL BERNARD (une broch. in-8, 44 pages, avec graphiques en couleurs) 2 fr.

LA FEMME ENCEINTE. — LE NOUVEAU-NÉ. — L'ENFANT

Avortement criminel démontré au bout de plusieurs mois par le diagnostic rétrospectif de la grossesse, par FOCHIER, professeur à la Faculté de médecine de Lyon, et HENRY COUTAGNE, chef des travaux de médecine légale à la Faculté 1 fr.

Des ruptures de la matrice, consécutives à des manœuvres abortives, par A. LACASSAGNE 1 fr.

Des blessures de la matrice dans les manœuvres criminelles, par G. MARSAIS (1 vol. in-8, 96 pages) 3 fr.

L'avortement criminel, par GALLIOT (1884).

Nos jeunes détenus. Etude sur l'enfance coupable, par RAUX, directeur de la 20e circonscription pénitentiaire (1 vol.) 5 fr.

De la valeur du témoignage des enfants en justice, par RASSIER 2 50

Recherches d'anthropologie criminelle chez l'enfant. — Criminalité et dégénérescence, par L. MAUPATÉ (1 vol. in-8 de 250 pages) 4 fr.

Les sévices envers les enfants, par L. LIBESSART 2 50

Des sévices et mauvais traitements infligés aux enfants, par P. DUVAL 2 50

Du libéricide ou meurtre des enfants mineurs par leurs parents, par E. DUMAS 2 50

Affaire Lombardi. Suicide combiné d'assassinats commis par une mère sur ses enfants, par LADAME, privat-docent à l'Université de Genève 2 fr.

De la transmission de la syphilis entre nourrissons et nourrices, par ROLLET, professeur à la Faculté de médecine de Lyon 1 fr.

La syphilis des nourrissons et des nourrices au point de vue médico-légal, par ETIENNE ROLLET, agrégé à la Faculté de médecine de Lyon 1 fr.

Examen méd.-lég. et autopsie des nouveaux-nés, par HENRI CHARTIER 3 fr.

Le cordon ombilical au point de vue médico-judiciaire, par F.-J. SAINT-CYR 3 fr.

www.ingramcontent.com/pod-product-compliance
Ingram Content Group UK Ltd.
Pitfield, Milton Keynes, MK11 3LW, UK
UKHW021057260726
13994UKWH00002B/553

9 782329 335186